コーポレートガバナンス改革と上場会社法制のグランドデザイン

［編著］

学習院大学教授 **神田秀樹**

東京大学教授 **加藤貴仁**

日立製作所 執行役常務 **児玉康平**

アストナリング・アドバイザー 代表 **三瓶裕喜**

弁護士 **武井一浩**

商事法務

はしがき

　本書は、2022年春に収録されて旬刊商事法務に掲載された座談会「コーポレートガバナンス改革と上場会社法制のグランドデザイン」を書籍化したものである。同座談会の概要について旬刊商事法務編集部がまとめているので、ここに再掲したい。

　「わが国におけるコーポレートガバナンス改革は、昨年、令和元年会社法改正が施行され、コーポレートガバナンス・コードも改訂されるなど、上場会社法制における制度的対応が着実に進められている。他方で、グローバルに新たな動きが生じており、コーポレートガバナンスは今後とも上場会社法制における最重要論点である。たとえば、サステナビリティを基軸としたガバナンス改革の動きがグローバルに加速しているが、これは株主利益最優先主義から生じた社会的矛盾への反省を踏まえた制度的対応でもある。日本でも「新しい資本主義」が提唱されているところ、日本企業の収益性・生産性を高めるガバナンス改革は依然重要である。本座談会は、今後の議論に向けた構想や実務対応の視点を提供することを通じて、上場会社法制について一つのグランドデザインの提示を試みるものである。会社法制におけるステークホルダー論の受け止め、実効的な取締役会のあり方、攻めのガバナンス実現に向けた制度改正、資本市場における透明性向上、株主と取締役会との権限分配論など、日本の伝統的な会社法制や資本市場法制の構造改革にかかわる重要論点が数多く浮かび上がっている。」

　上場企業の成長戦略の観点からも、ガバナンス改革や上場会社法制に関する論点が山積であるところ、その一部について取り上げたのが本書である。本書が今後の議論の一助となれば幸いである。

　本書の刊行に当たっては、旬刊商事法務編集長の本間聡氏と株式会社商事法務の澁谷禎之氏に大変お世話になった。心より御礼申し上げたい。

2022年10月

編著者を代表して

弁護士　武井　一浩

目　　次

8　権限分配論の新たな展開　118

9　司法審査におけるボード判断への一定の依拠　137

10　資本市場の透明性等に関する新たな論点　144

※本座談会は旬刊商事法務2294号〜2297号、2299号〜2302号（すべて2022年
　発行）に掲載されたものについて一部加筆修正したものである。

1 はじめに

1 自己紹介

○神田　本日は「コーポレートガバナンス改革と上場会社法制のグランドデザイン」をテーマに、制度設計にかかわる論点や実務的な論点について、いろいろな議論ができればと思っています。皆様には、お忙しいところをご参加いただき、有り難うございます。まず、自己紹介を五〇音順に加藤さんからお願いします。

○加藤　東京大学の加藤です。会社法と金融法を主に研究しています。本日のテーマである「コーポレートガバナンス改革と上場会社法制のグランドデザイン」は非常に大きなテーマで、このテーマに関連する審議会やワーキンググループ、プロジェクトがいくつも同時並行的に走っています。これらは決して別個独立して動いているわけではないと思いますが、相互の関係が見えにくいようにも感じていました。これらが水面下でどのようにつながっており、これらの関係をどのように整理できるのか、本日の座談会を通じて学ばせていただきたいと思います。宜しくお願いします。

○児玉　日立製作所の児玉です。2018年からゼネラルカウンセルとして働き、4年になりました。本日ご参加の皆様とはじめてお会いしたのは血気盛んなゼネラルカウンセル1年目でしたが、4年たった今も相変わ

らず鼻息荒く実務界、特にゼネラルカウンセルの世界で問題提起を続けています。

　日本での実務経験よりもアメリカでの実務経験のほうがはるかに長いというバックグラウンドを持つ人間ですので、本日はそういった目線で日本の法務とグローバルの法務のギャップについてもお話しできればと思います。また、ワールド・エコノミック・フォーラム（WEF）のゼネラルカウンセルコミュニティという2年前にできた会合にコアメンバーとして参加しており、ステークホルダーキャピタリズムの世界の動向を踏まえて議論に参加させていただければと思っています。宜しくお願いします。

○三瓶　三瓶です。1989年からニューヨーク市場をかわきりに32年間、機関投資家として株式投資に従事してきました。国内だけでなく海外企業も投資対象としてきました。拠点も東京以外ニューヨーク、ロンドンを経験し、所属は日系・外資系の両方を経験しました。ロンドンでは、運用の責任者でありつつCEOとして社外取締役多数の取締役会の運営を経験しました。現在は独立して、企業に対しては企業価値向上のためのアドバイス、機関投資家に対してはスチュワードシップ責任を果たしていくためのアドバイスを提供しています。本日は宜しくお願いします。

○武井　弁護士の武井です。三瓶さんから投資家として32年というお話がありましたが、私も早いもので今年で弁護士32年目になります。

　ガバナンスをめぐってはさまざまな論点がありますが、変化も早く、グローバルな影響も受ける領域です。地に足を着けじっくり考え、しかしスピード感も求められます。マクロ的視点とミクロ的視点を組み合わせながら議論しておく必要があると日々現場で感じています。本日は宜しくお願いします。

○神田　皆様、どうも有り難うございました。最後になりましたが、学習院大学の神田です。皆様から仕事を始めて何年というお話があったので私も何年ということをいいますと、はじめて大学で授業を担当したのが1980年ですので、40年以上、毎年授業を担当して今日に至っています。

本日は皆様からいろいろなことを学ばせていただきたいと思いますし、私自身も議論に少しでも参加できればという気持ちでいます。どうぞ宜しくお願いします。

2 本座談会の構成

○**神田** 議論に入る前に、本座談会の構成について確認しておきたいと思います。本日は３つのパートに分けて議論する予定です。１つ目は「ガバナンスの最新トピックスとボード改革」、２つ目は「株主が何をどこまで行うべきなのか」、３つ目は「上場会社法制をめぐる最近の論点」です。それぞれのパートについて、武井さんからコメントをお願いします。

○**武井** 日本ではコーポレートガバナンス・コードの策定前後からボード改革が実質的に進みつつあります。ボードの実質化は非常に大事です。その中でいろいろな論点が出てきています。2021年のコーポレートガバナンス・コード改訂により、さらにいろいろな論点が出てきているわけですが、１つ目のパートはそういったボードに関する話題、たとえていいますと間接民主制パートになります。２つ目のパートは株主が何をどこまで関与して決めるべきかという話題、こちらは直接民主制パートになります。３つ目のパートは、それら以外の上場会社法制のさまざまな論点ということになります。

2 ガバナンス／ボード改革をめぐる 新たなトピックス

○神田　それではここから中身に入っていきたいと思います。最初の
テーマとして、ガバナンスやボード改革をめぐる新たなトピックスを取
り上げます。

　なぜボードが重要なのか、上場会社のボードが日々どういう課題に直
面しているか、議論を始める前提として、武井さんから紹介をしてもら
えますか。

■■　ボードの実質化

○武井　昨年施行された令和元年改正会社法で社外取締役設置が義務づ
けられ、コーポレートガバナンス・コードも改訂され、今年から市場構
造改革も始まりました。ディスクロージャー関係では金融審議会のワー
キンググループでもいろいろな議論がなされています。

　特に独立社外取締役を含んだボードの果たす役割、ボードの実質化に
ついて、実務的な視点と制度論的な視点の両方で、非常に重要なイ
シューが多くあります。

　一定範囲の会社役員を選解任できる株主、ボード、マネジメントは三
層構造になっています。三層といっても上下の関係ではなく、たとえば
ドイツでは三権分立的にそれぞれの役割があるやや対等な関係にあるわ
けですが、株主、ボード、マネジメントの三機関の役割分担の中でどう

いう形で日本の上場企業を成長させ、中長期的な意味で企業価値を高めていくかというものがガバナンス論です。2015年のコーポレートガバナンス・コードの策定以降、機関設計を問わずボード機能の実質化・見える化が進んできていると理解しています。独立社外取締役の数が増えるだけでは実質化しないのですが、ボードがどうあるべきかに関しての議論は着実に進展してきているように思います。

　ボードの役割についても、アドバイザリーモデルかモニタリングモデルか、助言（board 1.0）、モニタリング（board 2.0）、戦略策定への一定の関与（board 3.0）などいろいろな標語があります。そういった二項対立や三項対立的な表現は議論の整理としてはわかりやすい反面、実態的な解はその中間にあるともいえます。自社の置かれている状況を踏まえて、ボードをいかに設計していくのかを各企業が最後は自分できちんと考える、腹落ちして考えることが重要です。

■ サステナビリティをめぐる現場動向（スキル・マトリックス／サステナビリティ委員会）

○武井　そうした中で、サステナビリティの切り口がこの数年で急速に影響力を増してきています。昨年のコーポレートガバナンス・コード改訂でも、サステナビリティに関して取締役会で基本的な方針を策定するべきである、取組みの適切な開示もすべきである、人的資本や知的財産・無形資産の投資等についても開示・説明すべきであるとされました。

　サステナビリティは幅の広い概念です。①気候変動などの地球環境問題への配慮、②人権の尊重、③従業員の健康・労働環境への配慮や公正・適切な処遇、④取引先との公正・適正な取引、⑤自然災害等への危機管理、⑥ESGやSDGs、⑦デジタルトランスフォーメーション、⑧サイバーセキュリティ対応、⑨国際的な経済安全保障をめぐる環境変化への対応などが列挙されています。日本の上場企業はこういったグローバルの要請にどのように向き合うのかを真摯に考えなければいけない状況になっているわけです。今年になって、①気候変動に関しては先んじ

ていろいろなものが公表されています。

　サステナビリティの話は、いろいろなステークホルダーの声が企業の経営により入ってくる面があり、その分、経営現場における利害調整がより複雑化する面があります。利害をどのように調整すればよいかについて唯一の正しい解があるわけではないものが増えてきて、真摯に利害調整をしていかないと、答えがなかなか出ない。その意味で、経営判断がより難しい時代に入ってきています。経営判断ですからマネジメントが一義的にまず真摯に真剣に悩むのですが、利害調整の場として、あるいは出した結論の納得感を備えるという意味で、骨太な議論をする場としてのボードのあり方もより重要になってくると考えられます。

　ボードやマネジメントに多様な人を入れましょうという議論やスキル・マトリックスも、サステナビリティの切り口とリンクしている話になるわけです。

　サステナビリティ委員会の設置もこの1年で急速に進みました。サステナビリティ委員会をマネジメント側に作るか、ボード側に作るかにはどちらもあり得るわけですが、設置企業の多くは、まずはマネジメント側に作っています。多様な利害を調整する場が社内にないと話がそもそも前に進みません。多様な利害を踏まえて自社が中長期的に付加価値を社会に提供できることを、感覚論ではなく骨太の議論をした上で外に発信していかないといけない。その文脈でマネジメントだけでなく、ボードも果たすべき役割が出てきています。

　複雑化する経営環境下で日本企業のマネジメントの皆様もボードの皆様も考えることが増えていて、その中で何が最善かを考え抜かないといけません。結果論的な正解が何かということはなかなか難しいですが、考え抜いた骨太な議論をする経営のプロセスも装備しなければいけない。そういった視点でもボードのあり方を考えていかないといけない状況だと思います。

▓ ボード人材の拡充が重要課題

○神田 ボード改革に焦点を当てて日本のガバナンス改革は進んできているわけですが、その点について、皆様からご意見をいただきたいと思います。児玉さんからお願いできますでしょうか。

○児玉 手前みそになりますが、日立のボードは、驚くほどグローバルスタンダードに近いメンバーで構成されています。ですので、私がこのテーマを語るのは、日本の企業全体をみるときにややミスリーディングになるかもしれないことを最初にお断りした上でお話ししたいと思います。

武井先生からご紹介いただいたように、法律的あるいは理論的に取締役会の権限・機能について議論が深まっていることは、日本企業全体にとって非常に喜ばしいことだと思っています。その点は評価していますが、実態としてご理解いただきたいのは、日本企業全体をみたときに決定的な問題点は間違いなく人材が不足しているということです。

ボードメンバーとして要求される能力を持っている人たちを、5人、10人、と集める、ダイバーシティの観点から場合によっては海外の人材も集めるということは実務界の悩みであり、その解決にはおそらく軽く5年、10年はかかると思います。幸いなことに日立ではそういった悩みは感じていないのですが、他社のゼネラルカウンセルと会話をすると、この悩みは深いと感じます。

たとえば、TOPIXのコア30社に入るような大企業のリーガルのトップに、執行から提案してボードメンバーに拒否された案件は年に何件ぐらいあるか聞くと、1件もないという答えが返ってきます。日立では、私のような執行側の人間からみてハラハラする場面がかなりあるのですが、多くの日本企業ではそうではないという実態があります。このような実態と理想論との乖離がこの分野では進んでいる気がしてなりません。

■ ビジネスモデルと事業ポートフォリオの見直しが進んでいない点が期待外れ

○三瓶　ガバナンス改革も進み、児玉さんがおっしゃったように、先進的な会社と、いまだに取組みに消極的、受身の会社があり、その差が開いてきているので、平均値的にとらえて話すのは非常に難しいと思います。とはいえ、投資家または資本市場側からみたときに日本のガバナンス改革が目指した課題解決はどうなってしまっているのかという期待外れの印象が本音としてあります。

　ガバナンス改革が始まったとき、解決できればいいなと私が思っていた大きな課題が2つありました。1つは、各企業のビジネスモデルの見直しです。しかし、グローバルにみてさまざまな進展・変化がある中で、疑うことなく慣性にまかせ現状維持を続けている会社がいまだに多くみられます。もう1つは、事業ポートフォリオの見直しです。これが課題だということは、コーポレートガバナンス・コード策定時の議論でも、伊藤レポートでも、そのほかいろいろなところでいわれてきています。そのための施策も講じられたはずですが、日本企業が大きく変わったかといえば、まだそこに手が付けられない会社が多くあります。その意味で、私が考えていた課題はいまだに解決がされていません。その間も世の中は動いていて、海外では新たな解決すべき課題がどんどん増えてきています。以前からある課題の解決をしないまま、新たな課題が増え、日本企業はこのままでどうするのだろうという心配をしています。

　これまで、ビジネスモデルや事業ポートフォリオの見直しができなかったのは、担当事業を持った生え抜きの業務執行取締役が自らその事業をやめるとはいえない、または先輩である社長や会長が始めた事業をやめるとはいえないということがあったからだと思います。そのため、監督と執行は分離しなければいけない、客観的・合理的に状況を見ることができる社外取締役がいなければいけないということだと思いますが、そのような目的にかなったガバナンス改革が進んでいるかというと、ま

だまだだと思います。

■ エビデンスを集める内向きの議論では超過利潤が得られ ないレッドオーシャン地帯へと向かう

○三瓶　社外取締役の方と個別にいわゆるエンゲージメントをしている と、大抵のケースで「投資家と会うのははじめてです」といわれます。 元経営者の方は、昔、自分が CEO だったときには会ったことがあるけ れども、社外取締役としてははじめてだというのです。そのような社外 取締役は、年齢も投資家たちよりずっと上で経験も豊かなはずです。し かし、会うと、ものすごく緊張されています。あらかじめ議題と質問事 項を渡していますが、質問事項に対しての答えがびっしり書いてある紙 を持って、手が震えている方もいます。そのような場合、これは少しほ ぐさなければいけないということで、海外でも重要で building rapport といいますが、最初の5分は、「最近の動きとして随分いい方向に向 かっていますね」といった少し柔らかい話をして緊張をほぐしてから本 題に入ります。その後、いろいろと話していると打ち解けてきて、終わ る頃には「また四半期に1回ぐらい会いましょうか」と先方からいわれ ることがあります。そのぐらい投資家慣れしていないのです。投資家の 関心事を把握せずに社外取締役としてボードに座っているとはいかがな ものかと思いますが、そうやってお会いした方は、「そうか、そういう ことを期待しているのだね。だったらもっとやりますよ」というように、 焦点がはっきりすると積極的に取り組んでいただけます。ですからガバ ナンス改革のエンジンが掛かりそうで掛からない状況にあるのではない かと思います。

　ボードの議論があまりにも内向きであり、また、行動経済学で指摘さ れる典型的な3つの罠、「損失バイアス」、「現状維持バイアス」、「ハー ディング」がありますが、こうした罠にかかっている例が多く見受けら れます。たとえば、たくさんのエビデンスを集めてこれが正しいだろう という答えを出すのが当然だと考えている傾向がみられます。しかし、

エビデンスをたくさん集めるほど、それらのエビデンスを踏まえて決めたことは同業他社と同じになり、レッドオーシャンに向かっていくことになります。そのような議論に時間を費やしていることに気づいていない、ボードに社外取締役の方が加わってもそれが大きく変わっていないということも、期待との乖離として残っていると思います。

■ 社外取締役の職責が増えるほど適切な人材確保がより重要

○加藤　児玉さんと三瓶さんのご意見に共感しています。取締役会がなすべきことが非常に増え、かつ複雑化しています。会社法では会社の戦略的な意思決定は取締役会を中心に行われることになっています。日常的な意思決定は代表取締役がするわけですが、代表取締役を選定するのは取締役会です。取締役会がいわば経営戦略を決め、それに従って代表取締役などの業務執行者が日常的な業務執行を行うということです。昔から取締役会は非常に重要な機関であったと思いますが、今その重要性が再認識されているのだと思います。その結果、そのような重要な役割を果たせる人材が果たしてどれだけいるのかが大きな問題として明らかになりました。しかし、これは避けて通れない道であって、地道に人材育成していくしかないのだと思います。それとともに、社外取締役をサポートする体制を各社が設けることが重要であると考えます。

　　ここ2、3年のガバナンス改革の議論では、困った課題があると社外取締役に解決を期待する、社外取締役が決めることを期待するという流れがありますが、社外取締役に過剰な負担がかかり、人材不足に拍車をかけている気がします。社外取締役に大きな負担をかけるのであれば、期待に応えられる人材を育成することや、社外取締役に能力を十分発揮してもらえる社内体制を整えることが重要です。その観点で、会社法のようなハードローが十分に対応しているかは、検討の余地があると個人的には思っています。

■ （米国型でなく）ボードとエンゲージメントに焦点を当てた英国型

○**神田** 皆様、どうも有り難うございました。私も感想めいたことを申し上げたいと思います。コーポレートガバナンス・コードは2015年に策定されたのですが、ガバナンス自体は手段であって目的ではない、目的は企業が成長することです。だからこそガバナンス改革は政府の成長戦略の重要な一部となっていると私は理解しています。ただ、ガバナンスを良くすれば企業は成長するという単純な関係にはなく、三瓶さんがおっしゃったように、各企業で事業ポートフォリオやビジネスモデルの見直しをしていただくことが、ガバナンス改革の本当の目的なのです。その目的を支援するための法律による仕組みや各種のガイドラインなどは複雑に絡み合っていますが、その1つとして、コーポレートガバナンス・コードが策定されました。日本のコーポレートガバナンス・コードの特徴は、ヨーロッパ、特にイギリスを参考に、ボードとエンゲージメントの2つに焦点を当てていることです。アメリカではもっと多様な仕組みがあるといってよいと思うのですが、日本としては珍しくアメリカではなくヨーロッパをみて、ボードとエンゲージメントの2つに焦点を当てたことは特徴的だと思います。

あと3点ほど申し上げます。

■ 無理せず変えるべきところを変えていく姿勢が基本

○**神田** 1つ目は、コーポレートガバナンス・コードなどがボード改革を進めていますが、その改革は簡単なことではありません。児玉さんも三瓶さんもおっしゃったように、企業は多様です。海外では board independence という言葉が使われます。日立のボードはその意味での board independence を有していると私は理解していますが、多くの日本企業のボードはそれを有しているとまではいえない状況ではないかと思います。しかし、だから駄目だということではありません。この数年

間で日本企業のボードは変化しました。機関投資家との対話も三瓶さんからご紹介があったように悪い方向へは決していっていません。徐々にかもしれませんし、そしてまだまだということではあると思いますが、前に進み始めていますので、あまり無理をする必要はないと思います。海外の動向を踏まえて日本もそれに合わせていくとか、いろいろなガイドラインを作るといった話によくなりますが、企業にとっては無理をすることなく、変えるべきところを変えていくという姿勢が基本になると思います。それに成功した企業は伸び、そうでない企業はうまくいかないという、きわめて当たり前の話です。そうはいっても、企業はそれぞれ異なりますので、各企業が具体的にどのようにボードを設計し運営していくのかは重要な課題の１つであると思います。

■■ 経験不足を補うことが重要

○神田　２つ目は、児玉さんから人材の不足というお話がありましたが、私は人材の不足というよりは経験の不足かなと思っています。ボードは何をするところかという発想に慣れてくれば、おそらくよい方向へ向かっていくと思うのです。今は社外取締役への就任を頼まれた人も何をするのかわからないで引き受けているといった例もあると聞きますので、三瓶さんがおっしゃったようなことにもなります。鶏が先か卵が先かではありますが、日本のボードには平均値的にいうとまだまだ改善の余地があると思います。そして、改革を諦める必要はないと思っています。

■■ 監査役会設置会社の取締役会の慣性から脱却すること

○神田　３つ目は、ビジネスモデルや経営の基本方針などをボードが決定するのは当たり前だと思うのですが、会社法上の３つの機関設計のうち昔からある監査役会設置会社についてはそのことを定める明文の規定が会社法上ありません。後からできた指名委員会等設置会社と監査等委員会設置会社についてだけ取締役会の権限として経営の基本方針を決めるという規定があるのはかっこ悪いですよね。監査役会設置会社のボー

ドもそういう権限や職責を持っていると皆考えていると思います。歴史を引きずって会社法の見た目が少し悪くなっているのは仕方がないことではあるのですが、できるだけ３つの機関設計でバランスのとれた解釈をして補っていく必要があると思います。武井さんの意見もぜひお願いします。

○武井　少し補足します。１点目は、ボードとマネジメントの役割分担という論点があると思います。ボードの独立性が高まるにつれて、マネジメントにしてもらわなければならないことを、ボード側がどのようにインセンティブづけするかという論点です。マネジメントとボードの二項対立がうまくいかない場合、社内非業務執行の役員など間に何かを挟む工夫も日本ではあり得ますが、ボードがすべてを行うわけではなく、会社の運転席に座って運転するのはあくまでマネジメントなので、マネジメントをどう動機づけるかという論点があるかと思います。

　私の整理では、ボードの重要な機能として、グッドクエスチョンを発してコーチングすることがあると考えています。

　２点目は、ボードのほうに、何を監督するのかについて経験と認識の不足があり、ある程度時間はかかりますが、先ほど三瓶さんがおっしゃった損失バイアス、現状維持バイアス、ハーディングといった問題点が周知されていく中で、ボードの実効的役割がより共有されていくとよいかと思います。

　３点目は、監査役会設置会社で経営の基本方針が取締役会決議事項になっていないのは確かに落とし穴です。監査役会設置会社では会社法でミクロなことをボードで決めろと強制していたので、経営の基本方針とかが取締役会の決議事項に規定されていない。ミクロのことをボードで決議し、ミクロからマクロを決めているところがあります。しかしミクロなことばかり議論していて、それでマクロのことがわかるのだろうかという面があります。監査役会設置会社から監査等委員会設置会社や指名委員会等設置会社に移行される企業さんに私がいつも申し上げるのは、マクロのことをまず決めないといけない。そうじゃないと独立社外者を

含んだ機関としてそもそも監督もできないということです。監査役会設置会社の取締役会でミクロのことを決めてきた慣れから脱却して、取締役会はミクロを決めるための場ではないということを理解していただきます。

■ 取締役会付議事項に目的意識を持つこと／サステナビリティの時代には多様なメンバーによる骨太な議論が役員の責任も軽減する

○武井　コーポレートガバナンス・コードには取締役会で決めるべきことを各社できちんと考えてくださいという原則が、2015年の策定時から補充原則4−1①としてすでに入っています。取締役会にその事項をなぜ付議しているのか、その目的意識を持つことが重要です。監査役会設置会社は会社法で定めているから取締役会に付議しているという面がありました。しかし、なぜそれを取締役会に付議しているかという目的意識を持たなければ、ボードはその役割を実効的に果たすことができません。

○児玉　コーポレートセクレタリーの立場で申しますと、ボードの役割として、ダイバーシティがあり、かつ独立性の高い取締役会によって決議した、あるいは監督しているというプロセスが大切で、対外的な説明という視点が非常に重要になってきたと思います。対外的に説明できるボードを備えるということが、将来出てくる視点の1つではないかと思っています。

○武井　まったくそのとおりだと思います。サステナビリティについていろいろなイシューが増えてきているので、骨太な議論が大変重要になります。多様なメンバーで議論するプロセスによる責任の軽減は、経営判断原則などで法的にも認められ得る考え方ですし。

○児玉　いろいろな企業の役員の方と、役員責任についてお話をすると、最後にイエスといったかノーといったかが重要であると考えている方が非常に多いことに気づきます。しかし、それは違うのではないかと思います。決議に至る手続と骨太な議論をしっかりしていれば、後になって法律的な責任を問われることはまずありません。結論としてのイエス・

ノーが問題とされるわけではないのです。適正な手続に従って議論が十分尽くされたかどうかのエビデンスが重要であるという理解が日本の実務界では足りないのではないか、特にゼネラルカウンセルは、ビジネスジャッジメントルールのコンセプトをもう少し勉強すべきではないかといつも思っています。

■ ガバナンスは「外から見た公正さ」が問われる

○神田　20年以上前に、日本監査役協会のコーポレートガバナンス改革に関するプロジェクトで、監査役協会の当時の会長さんとアメリカを回り、多くを見て帰ってきました。帰国後に私たちがいい始めたのは、ガバナンスというのは見た目ですということでした。それが2002年の商法改正で委員会等設置会社（現在の指名委員会等設置会社）という新しい機関設計が導入されることに結び付きました。「外から見た公正さ」と私は呼ぶことにしていますが、これが非常に大事です。アメリカでは外から見た公正さがあるのに対して、当時は、日本はそれがない実質主義でした。少しいい過ぎかもしれませんが、ガバナンスとは見た目であり、外から見た公正さあるいは健全さがグローバルな場面ではポイントとなります。この点は、日本企業が不足しているところかなと当時は強く思いました。

■ 成功している企業のマネジメントとボードとの関係

○三瓶　先ほど神田先生は人材不足というより、経験不足とおっしゃいましたが、私もそう思っています。私がお会いした社外取締役の99％は、その後は非常に活発に活動して役割を果たしていただいてます。では上場会社のすべての社外取締役に順番に会えるかといえば、時間がとてつもなくかかるため、頭の痛いところです。

　もう1つ、資本市場側の問題だと思いますが、社外取締役の導入が進むにつれて何でも社外取締役頼みになっています。しかし、会社を経営しているのは経営陣です。経営陣・CEOにどうしてもやりたいことが

あれば、株主に通じる説明ができるように、その訓練を社外取締役がしたらよいと思います。

　CEO のパッションも届けられるような説明の仕方を訓練すれば、株主に通じると思います。社外取締役の存在感が増す中で、経営陣側が萎縮したり、やりにくくなったりする面もあるのではないかということは心配です。

○武井　たしかにボードのコーチングは、マネジメントがやろうとしていることを支えて熱量を高めてあげることも重要な機能だと思います。こうするとよりうまくいくとか。逆にボードがマネジメントの熱量を下げているのはよくないですね。あと、マネジメントが「やろうとしていること」だけでなく、先ほどのビジネスモデルや事業ポートフォリオの文脈では「やろうとしていないこと」もアジェンダになるのだと思います。

▓ 経済産業省 CGS 研究会（第3期）

○神田　現在、経済産業省のコーポレート・ガバナンス・システム研究会（CGS 研究会）の第 3 期で議論が行われています。

　CGS 研究会では、コーポレートガバナンス・コードと同時並行で実務指針やガイドラインを作ってきているのですが、ボードばかり議論の対象とするのではなく、少し角度を変えて、2 つの議論を行おうとしています。

　1 つ目は、委員会に着目し、たとえばサステナビリティ委員会をボードの下に置くのか執行側に置くのかという議論です。ボードの下に置くと社外の人に入ってもらわなければならないので大変ですといわれることがあります。しかし、それは誤解です。たとえばアメリカでは、もちろん指名委員会や報酬委員会、そしてオーディット・コミッティは過半あるいは全員が社外の人だと思いますが、エグゼクティブコミッティは業務執行役員会議であって社外の人は入っていません。執行する委員会をボードの直下に置くことは十分あり得る選択肢だと思います。ですから、サステナビリティ委員会についても、社外取締役をメンバーにして

ももちろんいいわけですけれども、社内者だけの委員会にしても問題はない。そこは各企業の選択であって、取締役会の直下に置くことが重要なわけです。CGS 研究会では、委員会のプラクティスについてもう少し攻めてみることはできないかと考えています。

　2つ目は、やはりマネジメント側を議論しなければいけないということです。たとえば、ここ10年で株価が非常に伸びた会社を拾い上げ、その会社の経営はどこが良かったのかという分析です。マネジメント側についても当初の CGS ガイドラインから取り上げてはいますが、ガバナンスが主眼であるため、これまでは正面から重点的に多くを取り上げるということまではしていません。

　マネジメントのほうは、改革という言葉ではあまり語れないと思いますが、ビジネスモデルや事業ポートフォリオの見直しを大きく進めていくということが日本の多くの企業において最大の課題になっているといってよいのではないかと思います。

　[後注]　2022年7月19日に経済産業省 CGS 研究会から CGS ガイドラインの改訂版が公表されている。詳細は https://www.meti.go.jp/press/2022/07/20220719001/20220719001.html を参照されたい。

　たとえばマネジメント強化については以下のように述べられている(「エグゼクティブ・サマリー」8頁以下)。

■　執行側の機能強化の重要性
- 社長・CEO は、企業経営の舵取りを行い、その持続的な成長と中長期的な企業価値の向上を果たす上で中心的な役割を担う。
- 大胆な経営改革は、トップがリーダーシップを発揮して行うほかなく、「トップの経営力」が成否の鍵を握る。
- リスクテイクができ、しがらみにとらわれない経営判断ができる社長・CEO を選任するためには、それを実現する指名の仕組みが機能することが前提となる。
- このような資質を備えた社長・CEO が、リーダーシップを発揮して経営改革を推進するための社内の仕組みを作り、「攻めのガバナンス」を実現するには、例えば、下記のような取組を行うことが有益。

> ➤ 社長・CEO を中心とするトップマネジメントチームを、社長・CEO 自身が組成し、責任・権限を明確にした上で、権限委譲を進める
> ➤ リーダーシップが必要な場面では、社長・CEO 直属で経営戦略の策定・遂行を行う仕組みを作る
> ➤ 社長・CEO を数年間で順送りにせず、海外よりも高い就任年齢の若返りを図ることにより、社長・CEO が精力的に経営戦略を実現できる期間を確保する
> ➤ 社長・CEO をはじめとする経営陣へのインセンティブを強化する
> ➤ 次世代の社長・CEO を支える幹部候補の育成を行う
> ➤ 社長・CEO 退任者の役割を明確化し、不当な影響力の行使を防ぐ

■ トップマネジメントチームの組成と権限の委譲
- 業務執行のスピードを向上させ、より適切な経営判断が行えるようにするためには、社長・CEO を中心としたトップマネジメントチームにおいて各業務執行役員の責任・権限を明確にし、その内容に応じて権限委譲を進めることが有効である。その際、責任・権限を明確化する中で、機能毎の最高責任者（CXO）を設置することも有効である。
- トップマネジメントチームにおいても、イノベーション創出のため、ダイバーシティの確保は重要であり、ダイバーシティの面も含めた積極的な開示がなされることが望ましい。

■ 経営戦略等の策定・実行における工夫
- 自社の企業価値を向上させるためには、上場企業の企業価値は資本市場において評価されるという基本に意識を向け、資本効率性の向上や新しい事業の開拓を目指す戦略が必要となる。その際には、取締役会と執行側の双方において以下について検討することも重要である。
> ➤ 内部留保の使途を巡る本質的な議論を行うこと。また、現預金の水準が経営戦略や事業運営上望ましいレベルにあるのかについて検討すること
> ➤ 経営戦略に関わる指標について、先入観を排除し、社外取締役の意見も踏まえて意識的に考えることこそが経営であるとの意識を持つこと
> ➤ 競争優位を生み出す研究開発や人的資本などの無形資産の投資・活用に向けた戦略を構築すること

> ➢ 事業ポートフォリオを不断に見直し、経営環境の変化に合わせてその最適化を図っていくこと

■ 経営・執行の機能強化のための委員会の活用

- 経営・執行の機能強化のための方法の一つとして、戦略やサステナビリティ等の特定のテーマを社長・CEO のコミットメントの下で全社的に検討・推進するための委員会を設けることも、選択肢として考えられる。

- こうした委員会は、現状では主に執行側の機能を強化する意図で設置されていることが多く、その場合には社内者中心に構成されることが想定される。また、執行側の機能を強化する意図で設置される場合においても、委員会が取締役会に直接報告する関係とすることは、委員会での検討結果を取締役会での議論に繋げる観点等から、有益である。

- 他方、企業が設置する委員会には、様々な文脈で取締役会の機能強化・機能補完を目的として設置されるものも存在し、用いられる場面や目的に応じて、構成メンバーをどうすべきかなどが異なると考えられる。

■ 経営陣の報酬

- 経営戦略を踏まえて具体的な目標となる経営指標（KPI）を設定し、その実現のためにどのような報酬体系がよいのかという順番でストーリー性をもって検討することが重要。

- 非財務指標を用いる場合には、取締役会や報酬委員会において、経営戦略・経営計画を踏まえた議論を十分に行った上で、用いる指標や定量目標を明確に定め、当該指標を選択する理由等について、透明性の高い開示を行うことが望ましい。

- グローバル展開が進む企業であれば、業績目標へのコミットや株主目線での経営姿勢を明らかにするため、執行側のトップである社長・CEO について、業績連動報酬の比率をグローバルにベンチマークする企業の水準まで高めることや、長期インセンティブ報酬の比率の目安をグローバル水準である 40 ～ 50% 程度とすることも考えられる。

■ 幹部候補人材の育成・エンゲージメント向上

- 将来の幹部候補となる人材プールを作り、意識的に育成していくことが重要である。自社株報酬や持株会の活用は幹部候補に対する動機付けとして有益であり、人的資本投資の拡大にも資するものである。

3 サステナビリティ・ガバナンス⑴
——開示法制

○神田　では次に、サステナビリティ・ガバナンスの議論に移ります。最初に武井さんからサステナビリティの開示法制等の動向を整理してもらえますか。

■■ サステナビリティの開示法制等の動向

○武井　第1に、サステナビリティの開示法制については、国際的にも本当に大きく動いていて、今日時点でもまだ決まっていないところがいろいろあります。

　日本では金融審議会のディスクロージャーワーキング・グループで議論されています。重要な論点が議論されていて、たとえば、有価証券報告書における開示の重要性については、投資家の投資判断にとって重要な情報か否か、企業価値への影響で判断するのがよく、シングルマテリアリティ、ダブルマテリアリティの二元論にとらわれないほうがよいのではないかという指摘がワーキンググループの資料に書かれています。開示における重要性に関しては、アメリカでは現在はあくまで証券法の世界の話ですし、日本でも金商法の話なので、企業価値への影響、投資家の投資判断にとって重要な情報かどうかが基本なのではないかという意見と理解しています。シングルマテリアリティ、ダブルマテリアリティの二元論を超えて、ダイナミックマテリアリティやビルディングブ

【図表1】 開示における重要性（マテリアリティ）の考え方

欧州委員会	民間基準設定5団体 (注)	IFRS財団・ISSB
ダブルマテリアリティ	ダイナミックマテリアリティ	ビルディングブロックアプローチ
投資家等の市場参加者の意思決定に有用な、企業の発展、業績、財政状態等に与える影響だけでなく、企業が環境や社会に与える影響についても報告するもの（非財務情報開示指令（NFRD）で採用） （例）気候変動の場合 ⅰ．気候変動が企業に与える影響 ⅱ．企業が気候変動に与える影響	サステナビリティに関する項目は、時間の経過とともに企業価値に影響を与え、財務諸表にも取り込まれるもの （例）炭素排出量の場合 a．社会が地球温暖化を意識するようになる場合には、人・環境・経済に与える影響の報告事項に入る b．投資家が企業のネットゼロ移行を市場の価格付けに考慮し始めると、企業価値に与える影響の報告事項に入る c．財務的な影響が純資産価値に反映されれば、財務諸表に反映される	投資家を対象とする企業価値に焦点を当てたサステナビリティ報告基準のベースラインをサステナビリティ基準設定主体（ISSB）が提供し、その上に各国が政策の優先順位に基づいて、より広範な要求事項や特定の開示の要求事項を追加するアプローチ ① 投資家を対象とする企業価値に焦点を当てた報告 ② 各国の政策に基づいて開示事項を追加可

(注) CDP、CDSB（気候変動開示基準委員会）、GRI（グローバル・レポーティング・イニシアチブ）、IIRC（国際統合報告評議会）、SASB（サステナビリティ会計基準審議会）を指す。
(出所) 金融庁「第2回金融審議会ディスクロージャーワーキング・グループ（令和3年度）」（2021年10月1日）事務局説明資料②を基に作成。

ロックアプローチなどについても紹介されています（図表1）。

　なお巷の議論でもたとえば、企業にとっては、社会・環境へのインパクトのマテリアリティを企業価値という軸で判断して1つの報告に含めるのと、財務的な面と社会的な面を別々のマテリアリティで判断して別々に開示するのとでは、アプローチが大きく異なるといわれています。組織自身のための価値創造にとってマテリアルである活動等について記載する統合報告がようやく根付きつつある中で、ベースラインとしてのISSB標準と上乗せとしての欧州の開示基準という2つの開示標準に基づく別々の対応を求められるのは、統合思考からの逆戻りであり、二重の負担になるといった指摘も出されています（たとえば住田孝之「ISSB（国際サステナビリティ基準審議会）発足のインパクト」企業会計74巻4号

（2022）81頁など）。

　次に、多様なサステナビリティ項目があり、いろいろな団体・主体がいうことが非常に多岐にわたっていて、対応する企業側も読まれる投資家側もかなり大変です。ディスクロージャーワーキング・グループの資料では、SASB が作っているマテリアリティマップも紹介されています（**図表 2**）。

　IFRS 財団の気候変動以外の開示基準策定の動きも進んでいます。国際的な統合が行われ、日本の場合は IFRS 財団に設立された ISSB を中心にまずは気候変動開示基準が出されて、その後、他のサステナビリティトピックという形で、共有化された一定の枠組みを作ろうとしていると理解されます。

　有価証券報告書にどう書くかについては、「ガバナンス」と「リスク管理」の開示を求めてはどうか、「戦略」と「指標と目標」については企業にとって重要性がある場合に開示することとしてはどうか、といった議論がディスクロージャーワーキング・グループでされています。

　第2に、サステナビリティとなると、最近は人的資本に関する関心も高まっています。アメリカが人的資本についての開示を義務づける規則を制定し、2020年11月から適用されています。イギリスも TCFD の4つの柱（ガバナンス、戦略、リスク管理、指標と目標）におおむね沿った開示が進められています。

　第3に、気候変動です。TCFD が趨勢的に相当進んでいる中で、日本企業はそれを積極的に採択して開示しています。EU では NFRD（非財務情報開示指令）があって、CSRD（企業サステナビリティ報告指令）までいっています。その後、ご存じのとおりアメリカですと、今年3月21日に TCFD をベースにした気候変動リスク開示規則案が出されています。

　他方で直近では、ウクライナ紛争の影響から、投資家側を含めて気候変動問題への対応をどのぐらい最優先でできるか迷い始めているといった記事も出始めています。アメリカもそもそも民主党なのか共和党なの

【図表2】 SASBマテリアリティマップ

SASBマテリアリティマップ®

和訳提供: MUFG Mitsubishi UFJ Research and Consulting

(注)上記11セクターの下には計77産業が分類されており、産業毎に重要なマテリアリティは少しづつ異なる。本マップ使用の際には産業別マテリアリティマップの参照が推奨される。

セクターレベルマップ(注)
● : セクター内でその課題が重要な企業が5割以上
○ : セクター内でその課題が重要な企業が5割未満
無印: そのセクターにとって重要課題ではない

セクター／課題	消費財	抽出物・鉱物加工	金融	食品・飲料	ヘルスケア	インフラストラクチャー	再生可能資源・代替エネルギー	資源転換	サービス	技術・通信	運輸
環境											
GHG排出量		●		●		○	○	○			●
大気質		●		●		○	○	○		○	●
エネルギー管理	○	○		●	○	○	●	●	○	●	
水及び排水管理	○	●		●		○	●	●	○	○	
廃棄物及び有害物質管理		●		○	●		○	○			○
生物多様性影響		○		○			●	○			○
社会関係資本											
人権及び地域社会との関係		●		○		○	○	○			
お客様のプライバシー	○		○						○	●	
データセキュリティ	○		○		●				○	●	
アクセス及び手頃な価格			○		●	○			○		
製品品質・製品安全	●			●	●	○		●		○	○
消費者の福利				●	●				○		
販売慣行・製品表示	●		●	○	○				○		
人的資本											
労働慣行	○	○	●			○		○	○		●
従業員の安全衛生		●				●	●	●			●
従業員参画、ダイバーシティと包摂性	○		○						○	●	
ビジネスモデル及びイノベーション											
製品及びサービスのライフサイクルへの影響	●			○	○	●	●	●	○	●	●
ビジネスモデルのレジリエンス(強じん性)	●	○	●			●	●	●			●
サプライチェーンマネジメント	●			●	○		●	●		●	
材料調達及び資源効率性	○			○			○	●		●	
気候変動の物理的影響			○			○	○				
リーダーシップ及びガバナンス											
事業倫理		●	○		●			●	○		●
競争的行為			○		●			○		●	●
規制の把握と政治的影響		●	○		●			●		●	
重大インシデントリスク管理		●				○	○	●			●
システミックリスク管理			●					○		○	

(出所)SASBウェブサイト(https://materiality.sasb.org/), 2020年3月現在。© SASB／三菱UFJリサーチ&コンサルティング株式会社(和訳版)

(出所) 金融庁「第3回金融審議会ディスクロージャーワーキング・グループ(令和3年度)」(2021年10月29日)事務局説明資料。

かで全然考え方が違っていて、今は民主党政権なのでこういう形になっています。

脱炭素を含めて気候変動対応とそれ以外のサステナビリティ事項に関して、今後上場会社としての情報開示は強化されていきます。情報開示を分析する基準もバラバラになっている状態を、ある程度整理しようという動きも着実に起きています。

そのほか、投資家側からは、サステナビリティ投資で上場株式を対象にしたアクティブ運用、インパクト投資はまだなかなか進んでいないのですが、短期だといろいろ他の利害と合わない箇所がありますが、中長期の時間軸でいろいろなボラティリティが高い中、中長期でみて価値の同期化ができるような発信を企業側にしていくことが重要であるという指摘もあります。

　　［後注］　関連する論稿等として、たとえば神作裕之「サステナビリティ・
　　　ガバナンスをめぐる動向」商事法務2296号（2022）4頁など。

■ 「フロム・グリーン・トゥ・ヒューマン」の国際的流れ

○神田　サステナビリティというのはポイントが2つあると思っています。1つは私は「スピードの格差」と呼んでいるものです。サステナビリティをめぐる議論はEU主導で動いていますが、EUでは、ESGでいえばEのうちの気候変動に注目する人はすでに少なくなっています。今は、「フロム・グリーン・トゥ・ヒューマン」をキャッチフレーズに、人権デューデリジェンスなどで合意形成を図ろうとしています。2月にEU指令案が公表されています。グリーンについての合意は済んでいるという理解なのです。実態が本当にそこまで進んでいるかは別の話ですが、そういうスピード感があります。

もう1つは、いうまでもなく、情報開示にとどまらず、いかに脱炭素や人権デューデリジェンスという実質化を進めていくかが重要になります。具体的な活動は民間資金でやるといわれている一方で、政府団体・非政府団体の両方でいろいろなガイドラインや指針が作られています。

▦ 開示基準や監査（保証）が導入されることに

○神田　情報開示制度についてはポイントがいくつかあると思います。日本でいえば、法定開示がいまだ制度化されていません。現時点ではプライム市場上場会社は気候変動について TCFD またはそれと同等の基準に従った情報開示をすべきことがコンプライ・オア・エクスプレイン規範としてコーポレートガバナンス・コードで規定されているだけです。有価証券報告書での開示はまだ制度化されていません。諸外国では制度化されつつあり、日本でもそれに向けた議論をしているところです。

　非財務情報については、財務情報と違って基準がありませんので、悪くいえば好き勝手に書いている状況ということになります。財務情報は企業の活動を数字で示すために会計基準があり、それに従って数字化し、それが正しいか比較可能になるように監査制度が設けられています。そうすると、非財務情報についても、ステップとしては、まず基準が作られ、その基準に従って開示してもらい、それを監査（保証）する仕組みを作り上げていくということになります。これはものすごく大変なことなのですが、少しずつ進めていかなければいけません。そういう流れで金融庁の金融審議会ディスクロージャーワーキング・グループでは議論をし始めています。

　世界の動きは非常に早く、2021年11月に国際会計基準委員会と並んで国際サステナビリティ基準委員会ができ、2022年中には気候変動に関する最初の開示基準が作られようとしています。日本にも企業会計基準委員会がありますが、これと並んでのサステナビリティ基準委員会を7月に正式発足すべく設立準備委員会が発足しています。猛スピードで動いていて、国際基準ができれば、それをどのように日本に持ってくるかが重要な課題になります。

　会計基準のように熟しているわけではないため、できるところから少しずつやっていこうというのがビルディングブロックアプローチといわれる方法で、世界でほぼ合意されつつあります。適用企業についても、

3月にアメリカのSECから公表された気候変動に関する開示規則案では順番に少しずつやっていきましょうとなっています。日本でもそういうアプローチをとるのか、そしてまた、業種別ということにウエートを置いたものとして制度化していくかなどが議論され始めています。

情報開示制度は法定の制度である以上、強制の制度であり、これまで基準や監査（保証）がなかったことがらについて、そういう手法が入ってくるということがポイントの1つになると思います。

［後注］　2022年7月1日に財務会計基準委員会はサステナビリティ委員会（SSBJ）を設立した。

■■ 急速に収斂している国際的議論に日本は遅れないようにすべき

○三瓶　今ご説明いただいた流れを情報開示の利用者の観点でみると、もともとESG課題というものが挙げられていましたが、資本市場は見向きもしませんでした。ところがリーマンショック（世界金融危機）以降、公的資金が注入されたことで、きちんとESG課題に向き合うことが必要になりました。特に機関投資家側の規律づけが始まります。地球課題の解決にはお金が必要であるため、そこに長期資金を流し込む動きができ上がり、EUタクソノミーが準備され、SFDR（サステナブルファイナンス開示規則）が整備されます。非財務的な取組方針の方向性を開示することで長期投資の判断ができるように、世界中でいろいろな機関が指針を作り、かえって混乱が生じました。それが今、一気に収斂が図られています。GRIは最後まで若干距離を置いていましたが、3月24日に、GRIもIIRC・SASBが合流したISSBと足並みをそろえることを公表し、同月31日にはISSBからサステナビリティ開示基準の公開草案が公表されています。

日本で今いろいろ議論されていることは、2年遅れになっている感じがしています。世界ではマテリアリティの議論もあっという間に収束しましたし、たとえばSASBとGRIは随分スタンスが違ったのに結局

ISSB のサステナビリティ開示基準を支持し協力していくことになりました。サステナビリティ開示基準の公開草案では、最終的なゴールとして、法定開示するときに、各国・各地域における年次報告書（アニュアルレポート）で非財務情報を開示することにしています。日本ではこれまで有価証券報告書や統合報告書等のさまざまな書類で開示されてきましたが、世界の議論は、財務情報と非財務情報を同じタイミングでアニュアルレポートに載せなかったら意味がないというぐらいになっています。この辺は日本にとって気を付けなければいけないところだとみています。

■ 企業側に戦略的行動があってはじめて意味のある非財務情報の KPI が設定できる

○三瓶　非財務情報に関して、どのような KPI を開示すればよいかが話題になります。

海外における KPI の開示スタンスは、会社がとった戦略的な行動が時系列的に成果につながっていることをわかりやすく説明するツールというものです。KPI にはその裏づけとして必ず戦略的行動があるのです。

日本でどのような KPI を開示すればよいかという視点から議論していると、戦略的行動がないものについても数字を集めて開示するという非常にみすぼらしいものになります。日本では戦略的行動をとっていないのだから KPI の開示を求められるのは困るという意見もありますが、問題はそこではないという危機感を持っています。

日本に不利な非財務情報の開示が求められないように、日本政府は対外的な働きかけをすべきといった意見も見受けられますが、それも本末転倒な指摘だと思いますし、誤った方向に議論が進んでいくのではないかと非常に心配しています。

○武井　三瓶さんのおっしゃった、財務・非財務の一体性が重要であること、戦略の裏づけがないと意味がないという点はまさに重要な指摘だと思います。

■ EU におけるサステナビリティ開示は最高法務責任者（ゼネラルカウンセル）の職責である

○児玉　サステナビリティについては、神田先生から EU では今はもう「フロム・グリーン・トゥ・ヒューマン」がキャッチフレーズになっているとご紹介いただきました。企業の立場からすると企業の存立そのものにかかわることだと思います。開示をどうするかといった次元はすでに飛び越えているという受け止め方を多くの企業はすべきだと思いますし、すでにしているだろうと期待しています。

　サステナビリティ分野については、WEF のグローバルなゼネラルカウンセルの会議に参加して情報を得ていますが、日本の考え方だけで対応していては駄目で、最初から EU で求められる開示レベルを目標にするということを社内では力説しています。サステナビリティ分野については、世界の会議に行くとゼネラルカウンセル、チーフリーガルオフィサーが議論しています。三瓶さんがお話しになった統合報告書と年次報告書（有価証券報告書）、あるいはサステナビリティ報告書というものも最近ありますが、日本企業ではそれらを別々の部門が担当しています。たとえば、日立では、有価証券報告書は法務部門、財務部門、統合報告書は IR 部門、サステナビリティ報告書はサステナビリティ部門が担当しています。ばらばらです。一昨年あたりからようやく各部門の見方を統一する取組みをするようになりました。日立も含めて、日本企業が目指すべきは日本のルールではなくて EU のルールであり、それを最初からキャッチアップしてどうやってギャップを埋めていくかという作業になるだろう、そして、それは実務的には法務関係者が担当しなければいけないことだろうと思っています。

■ フランスのダノン事件をどうとらえるか

○児玉　もう 1 つ、サステナビリティというものの曖昧さと時間軸について理解することが必要です。サステナビリティは、たとえば 5 年後の

利益を考えれば今が赤字でもやるべきだという判断があり得る分野だと思います。この分野に携わっている人間としてショッキングだったのは、昨年3月に、この分野の優等生とされてきたダノンのCEOが業績を理由に解任されたことです。たしかに同業他社と比べてダノンの利益率が低かったのは事実です。しかし、リーダーシップを持ってサステナビリティを推進していたCEOを株主が許せないと評価したということは衝撃的でした。

■ 権限分配論を見直すべき

○児玉　サステナビリティについて、法務担当という立場からは、ディスクロージャーが最大の問題であると考えています。非財務情報を開示したらすぐに財務情報のエビデンスが付いてこないと意味がないという視点で取り組んでいます。ディスクロージャー一般について申し上げますと、日本も優等生になってきていると思います。欧米の動向を学びながらソフトローによって年々より充実したものになってきています。しかし、この状況は、実務をしている人間からみると非常に怖い状況で、株主の法律的立場が日本は欧米に比べて強いというアンバランスが改善されないまま、開示だけが欧米並みに要求されていることに、法務責任者としては危機感を覚えています。企業が丸裸にされていく状況はどこかで直していただかないと、日本はいずれ、短期利益を追求するタイプのアクティビストに荒らされるマーケットになってしまうのではないかと思います。

○神田　最後の点は、後ほどあらためて議論させていただきたいと思います。法律問題としては、企業が長期的には企業価値を高めることにつながるはずだと考えてサステナビリティ活動をしたとき、それが利益につながらなかった場合に取締役は善管注意義務違反に問われることはないのかということも論点になります。また、機関投資家は、他人のお金を運用しているので、企業との対話の中で企業価値は高まらないけれどもサステナビリティ活動をせよといえるのかという著名な論点がありま

す。こういった論点も後ほど議論させていただければと思います（123頁以下参照）。

■■　開示法制の導入は実務がさらに進むきっかけに

○加藤　サステナビリティの問題は、児玉さんや三瓶さんがおっしゃるとおり企業の存続自体にかかわると私も考えています。コーポレートガバナンス・コードの副題は「企業の持続的な成長と中長期的な企業価値の向上のために」であり、そもそもサステナビリティと親和性があるといえるかもしれません。サステナビリティの問題に対する社会の関心が高まり、また、SNS等によってそれが顕在化しやすくなった結果、企業が具体的な行動を求められる機会が増えているように思います。そのような場合に適切な対応をとらないと、たとえば消費者からの支持を失ったり、人材確保が難しくなるなどして、事業の持続可能性に悪影響が生じる可能性があります。企業の価値を将来キャッシュフローの現在価値として評価するとしても、持続可能性の低さは事業が生み出すキャッシュフローの割引率を高くする方向でまたは将来キャッシュフローの予測額を低くする方向で企業価値に反映されるので、投資家が事業の持続可能性に興味を持つのは当然のことです。この点について、現在の有価証券報告書等が十分な情報を開示できていないのであれば、比較可能性がある形で開示させるべきであるというのは当然の成り行きだと思います。

　最近のガバナンスに関する開示規制の強化は、政策保有株式が典型例だと思うのですが、企業の行動を変える手段としての開示という側面もあります。サステナビリティの開示にも、そういう側面があるのではないかという気がしています。三瓶さんがおっしゃるように、サステナビリティに関する開示も、企業の戦略の裏づけがあってこそはじめて意味のあるものになります。これは開示義務のすべてに妥当することだと思いますが、なぜサステナビリティの問題に投資家が関心を持っているのかを上場会社の方に理解していただかない限り、企業の行動は変わらな

いと思います。それと同時に、これも政策保有株式の開示規制の経験が示していますが、開示規制だけで企業の行動を変えることには限界があるため、その他の規制との組み合わせを考える必要があります。

［**後注**］　2022年6月13日に金融審ディスクロージャーワーキング・グループの報告書（以下「DWG 報告書」という）が公表されている。詳細は https://www.fsa.go.jp/singi/singi_kinyu/tosin/20220613/01.pdf を参照されたい。
　　DWG 報告書ではたとえば以下のように述べられている（DWG 報告書5頁以下）。

> 　サステナビリティ情報の開示における「重要性」の考え方については、諸外国や国際的な基準設定主体で広く議論されている。この点に関して、ISSB の公開草案においては、サステナビリティ関連財務情報に関する「重要性」の定義は「財務報告に関する概念フレームワーク」で使用されている定義と整合性を取っている一方で、「重要性の判断は、一般目的財務諸表についての判断とは異なることとなる」とし、「企業価値は、短期、中期及び長期にわたる将来キャッシュ・フローの金額、時期及び不確実性並びに企業のリスク・プロファイル、ファイナンスへの企業のアクセス及び資本コストに照らした当該キャッシュ・フローの価値についての予想を反映する」ものであるとした上で、投資家や融資者、債権者等による企業価値の評価に資する情報を開示することとしている。
>
> 　「記述情報の開示に関する原則」は、現在は経営方針・経営戦略等、経営成績等の分析、事業等のリスクを中心に開示の考え方を整理したものとなっており、昨今の国際的な議論の進展を踏まえたものとする必要がある。そのため、今後、サステナビリティ開示の充実を進めるに当たっては、企業価値に関連した投資家の投資判断に必要な情報が開示されるよう、金融庁において、国際的な動向も踏まえつつ、「記述情報の開示に関する原則」を改訂すべきである。
> 　その上で、企業においては、「記述情報の開示に関する原則」を踏まえて、自らが「重要性」をどのように評価しているのかが伝わる開示が必要となる。
>
> 　サステナビリティ開示の媒体については、欧米において法定の年次

報告書の一部としてサステナビリティ情報を開示する議論が進んでいる。こうした中、企業が法定書類でサステナビリティに関する考え方や取組みを開示することは国際的な資本市場整備の観点からも最低限必要となってきているとの指摘がある。

　また、我が国において、企業が重要なサステナビリティ情報を有価証券報告書において開示する事例もみられるが、【経営方針、経営環境及び対処すべき課題等】、【事業等のリスク】、【経営者による財政状況、経営成績及びキャッシュ・フローの状況の分析】といった項目に分散して記載されていたり、企業によって開示箇所が異なったりするといった事例がみられることから、明瞭性や比較可能性の確保が必要となっている。

　これらを踏まえると、投資家に分かりやすく投資判断に必要な情報を提供する観点から、核となるサステナビリティ情報を有価証券報告書に記載することができるよう、有価証券報告書にサステナビリティ情報の「記載欄」を新設すべきである。

　「記載欄」において開示する内容について、国内外のサステナビリティ開示で広く利用されている TCFD のフレームワーク、ISSB の公開草案では、「ガバナンス」、「戦略」、「リスク管理」、「指標と目標」の4つの構成要素に基づく開示となっており、国際的な比較可能性の観点から、我が国においても同様の枠組みで開示することが適切と考えられる。

　また、有価証券報告書提出会社は4,000社超存在する中、制度面の対応を進める際には、企業の業態や経営環境が異なることを踏まえるとともに、企業負担にも十分に配慮することが重要である。この点について、
・　TCFD のフレームワークでは、リスクの影響を評価する上で必要な背景情報であり、重要性の評価に必要となる「ガバナンス」と「リスク管理」はすべての企業が開示、「戦略」と「指標と目標」は重要性がある場合に開示が求められている
・　TCFD の提言は、4つの構成要素と11の推奨開示項目で構成されているが、推奨開示項目の中には企業の開示負担が大きいものがある
といったことを踏まえた対応が必要となる。

　このため、「記載欄」には、国際的なフレームワークと整合的な「ガバナンス」、「戦略」、「リスク管理」、「指標と目標」の4つの構成要素

に基づく開示を行うこととし、
・　企業において、自社の業態や経営環境、企業価値への影響等を踏まえ、サステナビリティ情報を認識し、その重要性を判断する枠組みが必要となる観点から、「ガバナンス」と「リスク管理」は全ての企業が開示する
・　「戦略」と「指標と目標」は、開示が望ましいものの、各企業が「ガバナンス」と「リスク管理」の枠組みを通じて重要性を判断して開示する
こととすべきである。

　なお、「戦略」と「指標と目標」について、各企業が重要性を判断した上で記載しないこととした場合でも、投資家にとって有用な情報である当該判断やその根拠を含めた開示を積極的に行うことが強く期待される。

　「記載欄」の新設に当たっては、有価証券報告書の他の項目における開示や、任意開示書類における開示との棲み分けを考える必要がある。
　有価証券報告書は、投資家の投資判断に必要な情報を提供する法令上の書類であり、虚偽記載には罰則等が定められている一方、任意開示書類は、投資家に限らず、様々なステークホルダーの幅広いニーズに応えるため、企業が任意で公表する書類である。この点を踏まえると、有価証券報告書の「記載欄」においては、投資家の投資判断に必要な核となるサステナビリティ情報を記載し、有価証券報告書の他の項目である【経営方針、経営環境及び対処すべき課題等】、【事業等のリスク】、【コーポレート・ガバナンスの状況等】等と適切に相互参照するとともに、有価証券報告書におけるサステナビリティ情報を補完する詳細情報について、必要に応じて詳細情報を記載した任意開示書類を参照することが考えられる。

　その上で、国際的な比較可能性の担保等の観点から、SSBJにおいて、ISSBが策定する基準を踏まえ、速やかに具体的開示内容を検討すべきである。
　その後、当ワーキング・グループにおいて、当該具体的開示内容を有価証券報告書の「記載欄」へ追加する検討を行うことが考えられる。
　なお、具体的開示内容を規定する場合は、
・　グローバルな投資家との対話が期待される市場区分に属する上場

企業であるか
・　様々な有価証券報告書提出会社がある中で、情報開示のニーズと
　比して、企業にとって過度な負担となる場合がないか
　といった観点から、市場区分等に応じて段階的な対応を取るべきか
といった点も併せて検討することが考えられる。

■ 将来情報を書きやすくするセーフハーバー措置等を有価証券報告書制度に置くべきではないか

○三瓶　児玉さんがダノンCEOの解任に言及されたので、ISSBの公開草案に触れる前に一言コメントさせてください。新設されたISSBの理事選考が現在進められていますが、議長と副議長はすでに選任されています。その議長に就任したのが解任されたダノンの元CEOです。ですから、長期的企業価値創造に資するサステナビリティ取組みをどう促進していくのか注目しています。

　さて、ISSBのサステナビリティ開示基準の公開草案に話を戻します。イギリスは今の国際的な動き、ISSBの動きを積極的にサポートしています。ISSBのサステナビリティ開示基準の公開草案は、アニュアルレポートに財務情報と非財務情報を載せることを求めています。

　非財務情報は長期投資を促す、長期資金を誘導するという目的からフォワードルッキングなものです。イギリスのアニュアルレポートの中のストラテジックレポートはフォワードルッキングであることが前提になっており、非財務情報を載せやすいのです。一方、日本の有価証券報告書では、将来情報の取扱いなどがややこしくなります。日本は世界の流れに乗るための基盤が整っていないので、相当大変なことになるのではないかと心配してみているところです。早めに日本の中で考え方をまとめ、国際社会での議論に参加していく、それも日本のためにということではなく、事情が違う他国もこの問題点は共有しますよねというような議論をしていかないと駄目だろうと思います。

○武井　今の点も大変重要な指摘だと思います。もう少し補足していた

だけますでしょうか。

○三瓶　日本の有価証券報告書は将来情報を書きにくい制度になっています。

　虚偽記載になることをおそれて企業は将来情報を書きたくない、企業としては書いても大丈夫であることを保証してほしいのが有価証券報告書です。ISSB をサポートしているイギリスのアニュアルレポートには、ストラテジックレポートというセクションがありますが、そのセクションについての開示ガイドラインには「情報はフォワードルッキング志向で記載すべき」と書いてあります。また同時に、「将来の結果に関する予想について開示を求めるものではない」とも書いてあります。つまり、将来の結果が開示情報と違っていてもいわゆる虚偽記載に当たらないということだと理解します。その情報がなければ投資判断に困るから開示が求められていますが、投資家側もそれが100% の確からしさであると思っている人はいません。現時点の状況の下では確からしい、であればそれを前提に投資判断するというように、開示する側と受け取る側、さらに当局等も、関係者が同じ土俵にいてこそのフォワードルッキング志向の非財務情報の開示であると思います。なお、私は、FRC のストラテジックレポートの中のビジネスモデルのセクションをわかりやすく解説するためのガイドライン作りに参加したことがあるのですが、そのときも、やはりそういう議論がされていました。

　もう 1 つ、イギリスの場合、制度化と努力目標という異なる段階の設定の使い分けが非常にうまいと思います。原則主義の指針があると各業界の大多数が対応していることがわかるように、率先して対応すべき企業を規模や数で線引きし、100% ではないがその業界の主だった企業は新しい方向に動いていることがみえる区分線をうまく引くのです。イニシアティブをみせることも目的の 1 つにあるようで、日本との違いを感じるところです。

○神田　日本では、法制度の議論になると、三瓶さんがおっしゃったように難しい話になりますよね。アメリカのようにルールベースであれば、

若干異なる文脈での話になりますが1990年代にあったように、セーフハーバールールを作り、虚偽記載にはならない、責任は負わないというやり方になるでしょうし、イギリスのようなプリンシプルベースであれば、そんなことになるはずがないという話だと思います。日本はそれらの中間であるというところに難しさがあります。セーフハーバーは置かないけれども虚偽記載にならないという解釈を当局等が示して先へ進もうとしていまして、各論にも時間がかかります。そんなことにこだわっていてよいのかという三瓶さんのお考えには同感ではありますが、いろいろと難しい分野でもあるということだと思います。

　［**後注**］　DWG 報告書では以下のとおり述べられている（DWG 報告書 9 頁以下）。

---

　(3)　サステナビリティ開示に関する留意事項

　①　将来情報の記述と虚偽記載の責任

　サステナビリティ情報は、企業の中長期的な持続可能性に関する事項であり、将来情報を含むこととなる。有価証券報告書は、近年、経営方針や事業等のリスク等の記述情報の充実が図られており、これらの中で、将来情報の記載もみられてきている。前回ワーキング・グループ報告を踏まえた内閣府令改正の際には、将来情報の記載と虚偽記載の関係について、「一般に合理的と考えられる範囲で具体的な説明がされていた場合、提出後に事情が変化したことをもって虚偽記載の責任が問われるものではないと考えられる」ことを明らかにしている。

　サステナビリティ開示について、投資家の投資判断にとって有用な情報を提供する観点では、事後に事情が変化した場合において虚偽記載の責任が問われることを懸念して企業の開示姿勢が委縮することは好ましくない。このため、上記の考え方について、実務への浸透を図るとともに、企業内容等開示ガイドライン等において、サステナビリティ開示における事例を想定して、更なる明確化を図ることを検討すべきである。

---

② 任意開示書類の参照

　有価証券報告書におけるサステナビリティ情報の「記載欄」への記載については、任意開示書類に記載した詳細情報を参照することが考えられるが、その際の虚偽記載の責任の考え方については整理が必要である。

　金融商品取引法は有価証券報告書の記載内容に虚偽記載があった場合の責任を規定しているが、任意開示書類に、事実と異なる実績が記載されている等、明らかに重要な虚偽記載があることを知りながら参照するなど、当該任意開示書類を参照する旨を記載したこと自体が有価証券報告書の重要な虚偽記載になり得る場合を除けば、参照先の任意開示書類に虚偽記載があったとしても、単に任意開示書類の虚偽記載のみをもって、同法の罰則や課徴金が課されることにはならないと考えられる。

　なお、有価証券報告書には、投資家の投資判断にとって重要な情報を記載することが求められており、企業による重要性に関する合理的な判断を尊重することになるが、投資家が真に必要とする情報については有価証券報告書に記載しなければならない。今後、サステナビリティ情報などについて国際的な開示基準が策定される中で、有価証券報告書に何を記載し、何を参照するかについては、具体的に事例を積み重ねながら検討していくことが考えられる。

③ 法定開示と任意開示の公表時期

　有価証券報告書で任意開示書類を参照することに関しては、現在の実務では、両書類の公表時期に差があることに留意する必要がある。海外では、サステナビリティ情報を財務情報と併せて開示することが想定されていることを踏まえると、日本においても将来的にはサステナビリティ情報が記載された書類の公表時期を揃えていくことが重要であり、実務的な検討や環境整備を行っていくことが考えられる。

4 サステナビリティ・ガバナンス(2)
——ステークホルダー論

1 欧米におけるステークホルダー論の流れ
（ミッション／パーパス）

○神田　ここまではサステナビリティ・ガバナンスについて、開示法制の視点から議論してきましたが、ここからはステークホルダー論の視点で議論したいと思います。最初にステークホルダー論の会社法上の受け止めを取り上げます。武井さんから、欧米また日本の動向について簡単に整理していただきます。

■■ 欧米の会社法制におけるミッション・パーパス

○武井　ではステークホルダー論について、欧米では活発な動きがある中で、日本の会社法でどういった受け止め方があり得るのかについて議論できましたらと思います。最初に動きが顕著で活発な欧州の状況についてです。本当にいろいろな動きがありますが、ごく一部だけのご紹介となります。

　フランスでは有名な PACTE 法が2019年に制定されました。大まかに説明しますと、①「会社はその事業目的に関する社会的および環境上の問題を考慮して、会社の利益のために管理運営される」と会社法の条文で明記されました。その上で、②会社は定款に、レゾンデートル（そ

の会社の社会における存在意義）を定めることができるとされました。当
該レゾンデートルは、会社が自らの事業活動を行うに当たって資金を使
うことを望む諸原則となります。③レゾンデートルを定めた会社はさら
に、「ミッションを有する会社」を選択できることとされました（bene-
fit corporation 的な選択）。法定である①と違って②③は選択制です。ミッ
ションとする社会的目的および環境上の目的を定款に定め、ミッション
委員会を設置し独立第三者機関の監督を受けてミッションを遂行する、
といったものになります（詳細について、石川真衣「サステナビリティ・
ガバナンスをめぐるフランス企業法制の動向」商事法務2300号（2022）24頁
以下など）。

　また有名な英国会社法172条では、会社の成功に向けて行動する取締
役の義務が規定されています。こちらも大まかに説明しますと、取締役
は、次に紹介する事項を考慮しつつ、株主全体の利益のために、会社の
成功を最も達成するであろうと誠実に考える方法に従って行動しなけれ
ばならないとされます。考慮する事項とは、①意思決定により長期的に
生じると考えられる結果、②従業員の利益、③顧客等との関係を育成す
る必要性、④地域社会および環境に対し会社の活動が与える影響、⑤事
業上の行為について会社が高い評価を維持することが望ましいこと、⑥
株主間で公正さを保つように行動することの必要性、です。2018年の改
訂英国コーポレートガバナンス・コードはこれを踏まえた状況の開示を
求めています。

▓ ステークホルダー論とサステナビリティとの関連づけ

○武井　こうした EU 法制の動向の背景には、長期的利益よりも短期的
利益が優先される傾向への警鐘があります。上場会社の取締役会が、短
期志向の投資家からの圧力の増大により、長期的な企業価値を犠牲にし
て短期的株主に対する金銭的リターンを上げることに動機づけられてい
るのではないか。会社のサステナブルな価値創造のための責任に資する
コーポレートガバナンスを促進すべきである。具体的には(i)会社の長期

的利益を追求する取締役の役割を強化すべきである、(ii)サステナビリティを会社の意思決定に統合するための取締役の職責を強化する、(iii)会社のサステナビリティに資するコーポレートガバナンスの実務を推進すべきである。こういう論点が制度論の1つの背景となっているといわれています。

○神田　有り難うございます。私から若干の補足を申し上げておきますと、ステークホルダー論も短期主義・長期主義の話も大変重要な話だと思います。ただ、それをサステナビリティに関連づけるかは、慎重に議論する必要があると私は思っています。ECGI（European Corporate Governance Institute）という研究者の団体があります。私もボードメンバーを務めていた時期がある経済学者と法学者の団体です。その団体が最近始めたブログで著名な研究者がいろいろなことを発信しています（https://ecgi.global/blog）。1つだけ紹介しますと、ハーバードロースクールのマーク・ロー教授は、次のようなことを述べています。短期・長期でいえば、短期主義の会社がCO_2を多く出しているわけではなく、長期主義の会社も出している、ステークホルダー主義の会社のCO_2排出が少ないわけではない、サステナビリティの問題がステークホルダーや短期・中長期と関連しているというデータは必ずしも明らかになっていない。たとえばですが、このようなことが指摘されていますので、この問題は非常に重要な問題であると同時に、きちんと議論する必要がある課題かなと私は思います。

■ ステークホルダーキャピタリズムについて欧米のゼネラルカウンセルは主導的役割を果たしている

○児玉　この分野に関して私はかなり勉強しているのですが、首を突っ込んだきっかけは、2年前の夏にダボス会議主催のWEF（ワールド・エコノミック・フォーラム）でゼネラルカウンセルコミュニティを作る動きが始まったことです。その前提として、WEFのトップのシュワブ会長が『ステークホルダーキャピタリズム』という書籍を出版し、この考

え方にそれまで株主至上主義だったアメリカが寄ってきたことによって、欧米がタッグを組んでステークホルダーキャピタリズムに取り組むようになりました。そして欧米ではこの旗振り役や取りまとめを企業法務、ゼネラルカウンセルがするのだという大きな潮流があります。

　ゼネラルカウンセルコミュニティのメンバーで議論をしてきたとき、日本のゼネラルカウンセルの現状を考えると、私は、日本がこうした欧米の流れをキャッチアップするのは大変難しいという印象を実は持っていました。しかし、現在、WEF ゼネラルカウンセルコミュニティの日本版が作られる予定になっていまして、日本のゼネラルカウンセルの中でステークホルダーキャピタリズムにどれぐらい法務が貢献できるか、あるいは貢献すべきかを議論することになっています。

　私自身は、先ほど申し上げたダノンの話と最初のテーマであった取締役会についての議論は、ステークホルダーキャピタリズムとリンクしていると考えています。ダノンの例に関していえば、ステークホルダーの利害関係を調整するとき、ダイバーシティを持った取締役会で骨太な議論をした上で経営の方向を決めたというエビデンスが将来意味を持ってくるようになると思っています。

■ 成長している企業でこそサステナビリティが両立できる

○三瓶　ダノンの話が出ていますが、サステナビリティへの長期的な投資が足元の利益を損なってもよいのかという矮小化された論点と混同しないことが重要だと思います。結論からいうと、先ほどご説明があったフランスの PACTE 法、英国の会社法172条に準えると、法定の義務を果たすことが前提であり、会社の利益、株主全体の利益が確保されている会社とそうでない会社では結論は異なると資本市場・投資家は考えていると思います。

　ROE を横軸、PBR を縦軸にとった図で機関投資家の投資スタイル別ポジショニングを考えてみると（図表3）、日本企業の過半数は配当成長、インカムまたはバリュースタイルの投資対象の位置にあります（企業数

【図表3】 投資スタイル別ポジショニング（イメージ）

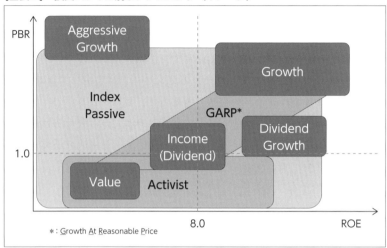

ベースで53%、時価総額ベースで56%）。そうした会社が成長戦略やサステナビリティは将来的な企業の存続に重要だから取り組みますと高らかに長期ビジョンや中期経営計画を発信しても的外れと投資家に受け取られます。元々資本コストを上回る実績もなく、何年も数%未満の成長しかしていない会社が成長戦略を掲げて投資をしても足元の利益がますます出なくなる、配当余力もなくなる。そのようなサステナビリティに対する取組みは、まず公開企業としての義務を果たしてからにしてくれと投資家の賛同を得ることができません。一方、**図表3**右上のグロース投資の対象企業が、グリーンなど、ステークホルダーの新たな要求に合わせた方向転換をして、たとえば足元の利益は2年出ないけれども将来はまた成長できるというと、投資家はきちんとサポートするのです。アメリカにはグロースやアグレッシブグローススタイルの投資対象企業が多くあるのです（企業数ベースで58%、時価総額ベースで76%）。

　自分たちがどのポジションにいて、投資家からどうみられているかが正しく把握できていないまま、情報開示さえすれば投資家は賛同してく

れると思っていると、そうはならないのです。公開会社としての義務を果たすことを前提にサステナビリティとの両立を図ることが期待されているわけですが、この前提の認識ギャップが大きいことは相当まずい状況ではないかと思います。

　政府の成長戦略も、グロース投資対象に大多数の日本企業が位置づけられていればうまくいくのですが、実際には大多数の企業がインカムやバリュー、良くても配当成長スタイルの投資対象になってしまっているので、事業ポートフォリオの見直しなどを進めてグロース投資対象となることをみせなければ、将来の成長の姿や、サステナビリティに対しての取組みで将来が明るいということを誰も期待しないという厳しい現実があることは共有させていただきたいと思います。

■ ダノン事件の衝撃から学ぶべきこと

○児玉　質問してもよろしいですか。ダノンは図表3でどの位置になるのでしょうか。

○三瓶　ダノンは右上のグロース投資の対象にとどまってはいたのですが、グロースの中では低下傾向にあり現在グロースの中で74パーセンタイルと決していい位置ではありません。そういう状況下ではやはりCEOを支持できない、ダノンのサステナビリティへの取組みが駄目なのではなく、それだけでは駄目なのだということだと思います。ダノンが認められないということは日本企業のほとんどが認められないことにつながるので、日本にとっては大変重要な問題です。

○神田　ダノンという会社はいろいろな意味で有名な会社ですよね。私が若かった頃は、敵対的買収の動きがあり、フランス政府が出ていって止めたというのが有名な話だったのですが、実質、国が関与している企業なので、歴史を引きずっている、そういうやや特殊な面もあるかと思います。

○児玉　実務界でステークホルダーキャピタリズムを勉強してきた仲間の間では、ダノンはトップクラスの優等生の1人と考えられていたので、

日本企業のように利益率がそもそも低い企業であればともかく、同業他社のネスレなどと比較したときに利益率が少し落ちてきたというタイミングで CEO が解任されるということはやはりショッキングでした。三瓶さんのおっしゃるとおり、利益を犠牲にしてまでステークホルダーキャピタリズムを推進することは、いくら何でも無理があることには同感ですが、ダノンのケースでは必ずしもそうでなかった気がしています。日本企業はここのところをよく理解しておかないと大変なことになりかねません。

　そもそものスタート地点においてすでに日本企業の利益率は低いわけですから、今後とも利益率を上げていかなければならないという宿命をわれわれは負っています。その一方で、ステークホルダーキャピタリズムにも対応していかなければならない。この2つを両立させることは今後、日本企業にとって実に難しい課題になると思います。

2　日本の会社法におけるステークホルダー論の受け止め

■ 啓蒙された株主価値論／多元的ステークホルダー論

○武井　では次に、日本の会社法制の世界で、こうした議論について何をどう受け止めるのかについてです。

　昭和40年代の八幡製鉄事件最高裁判決の頃、定款記載の目的等に関連していろいろな議論がありました。そこから形を変えて現在の議論が出てきている状態かと思います。日本では従前から「三方よし」などの議論がありましたが、最近国際的に議論されている環境保全、社会的不平等の解決、社会的包摂の強化などは、これまでの日本の伝統的なステークホルダー対応を超えたものにもなっています。

　先ほど紹介した英国会社法は、啓蒙された株主価値論（enlightened shareholder value）であるという議論があります。株主利益を実現する

ために従業員やコミュニティ等のステークホルダーの利益を配慮すべきという「啓蒙化された株主価値最大化論」、あるいは「手段としてのステークホルダー論」ともいわれます。ただ英国では2022年に入って、better business act と呼ばれる、会社に株主利益以外の公益などを考慮することを義務づける会社法改正を行うべきであるという運動が起きているようです。

　他方で、各ステークホルダーの利益には独立の存在意義があり、どれを優先するかは最終的にはマネジメントが決めるなどの多元論もあります。ただこの多元論にまでいくことには、日本の学界ではいろいろ批判があります。規律が利かなくなるとか、あるいは逆に、何を決めても誰かから文句をいわれるなど、基準の明確さがなくなるデメリットが指摘されています。

■ 「株主は株式の所有者であって会社の所有者ではない」という議論

○**武井**　日本における近時の議論としては、①株主とは「株式」の所有者であることははっきりしているが、「会社」の所有者に結びつくという主張には根拠がない。欧州には市民や個人といった社会の主権者が株主であることにこだわる規範意識の存在がある。②株式会社はその定款に掲げられた目的・ミッションを最大に実現するべく経営を行う存在で、固有の事業目的の実現という中核があっての営利性である。こうした事業活動目的の共有と事業活動の発展に向けられた営利性という観念抜きに、「会社は株主のものであり、株主価値最大化が会社経営の目的だからそのために営利を追求し、それを株主に分配することこそが大義である」かのような主張は誤りである、というものがあります（たとえば上村達男『会社法は誰のためにあるのか』（岩波書店、2021）ほか）。

■■ 株主以外のステークホルダーの利益が企業価値向上や持続的な成長に重要

○武井　ステークホルダー論に関する指摘として、①株主第一主義かステークホルダー主義かという問題は、1つの国の中で歴史的にみても、その時々の経済・社会・政治の状況によって変わってくる。②今後、先進国においては「ステークホルダー重視」になっていくと予想される。その根拠は「豊かな社会」である。豊かな社会のニーズに企業が応えるためには人の力が必要である。知識・知恵・ノウハウ・能力を持った人（従業員、取引先等）が競争力の源泉となるという議論もあります（広田真一「株主第一主義か、ステークホルダー主義か」証券アナリストジャーナル58巻11号（2020）18頁）。豊かな社会という観点から、働いている人だけではなく取引先等にも一定の便益がないと企業はサステナブルではない、単に株主だけをみているのでは駄目だという議論も出てきています。

　日本では現在「新しい資本主義」が提唱されていますが、資本主義国では「きちんと社会全体から納得される資本主義でなければいけない」という要請が重要な政策テーマになっていると思います。人的資本に関する制度論も進められているところです。

　　[後注]　関連する議論として、たとえば神田秀樹＝久保田安彦「対談　サステナビリティを深く理解する」商事法務2302号（2022）6頁以下など。

■■ 株主以外のステークホルダーの利益が重要であるという点は会社法学界でも異論がない

○神田　有り難うございました。ここまでのところについて、加藤さんはいかがでしょうか。

○加藤　何点か申し上げます。第1に、株主以外の広い意味でのステークホルダーの利益が会社の企業価値の向上や持続的な成長に重要であるということは、おそらくほとんどの会社法研究者の同意するところだと思います。それは株主第一主義や株主利益最大化原則に従って会社は経

営されるべきであると考えている人でも変わらないと思います。

　ただし、株主以外のステークホルダーの利益は、それを保護するメカニズムを取締役の義務や責任という形で会社法に組み込むよりは、たとえば労働法なり消費者法なり独占禁止法なり他の法制度によって保護するほうが実効的である場合が多いであろう、そのような保護の対象にならないステークホルダーについては自分で契約などを締結することで自分の利益を守ることができるだろうということが前提とされてきました。株主は残余権者であり、他のステークホルダーの利益は他の法制度や契約などによって十分に守られているのであれば、あとは株主の利益を最優先に会社は経営されるべきであるというのが、2000年代初頭以降、国際的にみても主流な会社法の考え方だったのではないかという気がします。

■ 金融危機が会社法と他の規制によるステークホルダーの利益保護の関係を見直す契機に

○加藤　このような考え方は2008年の金融危機によって再考を迫られたのではないか、と私は考えています。当時、株主第一主義の観点から先進的なコーポレートガバナンスの仕組みを備えていたといわれている欧米の金融機関が金融危機においてひどい損害をこうむりました。欧米の金融機関は株主利益の観点からは望ましいが社会全体の利益の観点からは許容できない過剰なリスクテイキングに邁進しており、そのようなリスクが現実化した結果、実体経済に多大な負の影響が生じました。そもそも金融危機を金融規制によって完全に防止することはできないかもしれません。しかし、金融システムを機能不全に陥らせない等の社会的に許容可能な範囲に金融機関によるリスクテイキングを抑えることは金融規制の目的に含まれるように思われます。しかし、2008年の金融危機は、このような目的を金融規制が達成できていなかった可能性を示しています。その結果、金融規制のように株主以外のステークホルダーの利益を守るために用意されている規制が存在するとしても、その利益が十分に

保護されているとはいえない場合があることが広く認識されたのではないかという気がします。このような問題にどのように対処するかが、金融危機後に、特に欧州でなされた試行錯誤の背景にあったのではないかと思います。

■ ステークホルダー論で解決できること／解決できないこと

○加藤　その上で、ステークホルダー論がそういった問題をどこまで解決できるかというと、なかなか難しい面もあるのではないかという気がしています。たとえば先ほど神田先生が挙げられたマーク・ロー教授の研究は非常に有名ですが、それは欧州委員会の委託を受けて2020年にアーンスト・アンド・ヤングが作成したレポート（ERNST & YOUNG, STUDY ON DIRECTORS' DUTIES AND SUSTAINABLE CORPORATE GOVERNANCE: FINAL REPORT（2020））に対するものだと思います。このレポートでは、株主の短期主義が多くのステークホルダーの利益を害していることや分配の不平等を生んでいることが実証研究によって明らかにされていることを前提とした上で、さまざまな処方箋として、たとえば会社法上の取締役の義務や責任の見直しなどが提案されています。実際、短期主義の話や環境問題等の会社の事業活動の負の外部性、分配の公正さというのは相互に関連する部分はありますが、望ましい解決策は別々に存在すると思います。たとえば、各会社にミッションやパーパスの策定を求めることは、社会における株式会社の位置づけや期待されている役割を再確認するという意味で、重要であると思います。しかし、ミッションやパーパスの策定によって解決できる問題と解決できない問題、また、その他の手法による解決が望ましい問題があるのではないでしょうか。非常に難しい問題ですが、結局、解決すべき問題は何かを設定した上で、それに対して最適な手段は何かを緻密に考えていかなければいけないと思います。なお、ロー教授は、株主の短期主義が上場会社の経営を短期的にしているかという点について、アーンスト・アンド・ヤングのレポートでは引用する実証研究が恣意的に選択されているとの

批判もしており、この点も重要であると思います（Roe, Mark, Holger Spamann, Jesse M. Fried, and Charles C.Y. Wang. "The Sustainable Corporate Governance Initiative in Europe." Yale Journal on Regulation Bulletin 38 (2021), 142–144）。

　神田先生が先ほど紹介された ECGI のブログには、日本について東京大学経済学部の星岳雄先生が投稿しています。分配の不公正、特に労働者の賃金、労働者に対する分配率が落ちていることは日本が解決しなければいけない課題であると思います。この問題について星先生は、株主の短期主義やそれを是正する必要性に関連して、分配の不公正を生じさせている一番の原因は非正規の雇用が増えていることであって、むしろそこに対して何らかの対応をすべきであることを指摘されています。

　繰り返しになりますが、解決すべき問題とその原因を具体的に特定した上で、どのような手法によって解決することが望ましいかを検討する必要があるということです。会社法も問題解決の手段の１つであることは確かですが、ステークホルダー論が解決しようとしている問題は会社法だけを変えれば解決するものではないように思います。会社法と他の規制の役割分担という視点が必要ではないでしょうか。

○神田　有り難うございます。私からも少しコメントさせていただきます。第１に、英国会社法172条のような規定の下では、取締役がこの規定の義務に違反して責任を負うことはないということになると思います。その意味ではプリンシプルベースの規範といってもよいのかもしれません。

　アメリカはおそらく真逆です。規定の文言は似た面がないではないのですが、アメリカは取締役が義務違反で責任を負うことがあり得る前提でコーポレート・ガバナンス・システムが動いています。投資家とボードの対話だけではなく、裁判による事後的な責任追及が大きな柱の１つになっています。日本は大ざっぱにいえば英国とアメリカの中間といってよいと思います。会社法の規定の話をする場合、国による法制度の違いを押さえておくことも大切だと思います。

第2に、私もここまでの話を聞いていて、何を議論するか、何のために ステークホルダー論を議論するかで変わってくると思うのです。たとえば、ボードで経営の基本方針を議論するときにステークホルダー論を どこまで重視するかという話をしているのか、あるいは具体的なサステナビリティ活動をしていくときにステークホルダーをどう考えるのか、あるいは加藤さんがおっしゃったような場面でどう考えるのか。そういうアプローチが必要かなと私も思いました。

■ 目にみえないステークホルダーまで含んだ海外の議論

○三瓶　ステークホルダーという言葉について、日本と海外とでは指しているものが随分違うと常々思っています。日本企業のいうステークホルダーは、海外企業のいうステークホルダーよりも狭いというのが私の実感です。

　日本企業では、目にみえているステークホルダーがステークホルダーです。目にみえているというのは言い方を変えると、何を求めているのか、何が好きで何が嫌いか、行動の動機がわかる範囲が日本企業の一般的なステークホルダーのとらえ方だと思います。

　一方、海外企業では、目にみえないステークホルダーも入っているのです。どうやってそうしたステークホルダーをとらえているかというと、ロジックだと思います。たとえば情報発信をするとき、目にみえないステークホルダーにも向けて発信するのですが、具体的にはみえないので、その人に何を届けたらよいのか、または何が届くのかをロジックで考えていくのです。その人たちにとって企業から発信していることの意味は何かを考えるということです。対象範囲が違うものを同じステークホルダーという言葉であらわして議論をすると本質的な論点がどんどんずれていくのではないかと思います。日本では、ステークホルダー主義はもともと日本が主張してきたことで、海外がそれに近づいてきたと考えている企業も多いと思うのですが、実は違うことをいっているという点は注意が必要であると思います。

■■ 非財務資本も含めたキャピタルを有効活用するのがスチュワードシップの根本概念である

○三瓶　ステークホルダー論を議論するときに、株主がどこに位置づけられるかは論点の１つになります。スチュワードシップという概念が日本に入ってきたとき、ピンとこなかった人も多いのではないかと思います。スチュワードシップには深い意味があり、クリスチャンスチュワードシップから来ている教会用語です。宗教的な背景があり、キリスト教の人たちにはピンとくるのですが、日本人にはピンとこないというギャップがあるのです。キャピタルという言葉とスチュワードシップは密接につながっていて、欧米ではキャピタルは財務的な資本という意味だけではないとの当然の理解があります。

　キャピタルを能力というとらえ方をするとわかりやすいと思うのですが、能力は磨くことで育ち、使えば使うほど磨かれていくので減らないのです。しかも授かった能力はきちんと育てて有効活用しなければいけないという宗教的な義務としてとらえられています。キャピタルの使い方を間違えてそれが減価するのを放置しては基本的に駄目なのです。キャピタルは増やさなければいけないということが欧米では浸透しています。その義務を果たすスチュワードシップがエージェンシー理論などの前にあるという共通理解を持っている人たちと、持っていない人たちでは、伝わり方がまったく違うということが基本的な問題としてあると思います。

■■ 欧米でステークホルダーキャピタリズムの議論が盛んになった時期と軌を一にして日本に短期志向のアクティビストが流入してきている

○児玉　日本が今考えなければいけないことは、非常に狭い意味でのアクティビストが、ステークホルダーキャピタリズムの議論が盛んになりつつある今、日本市場にどんどん入ってきているということですね。

これから日本企業は、ステークホルダー論が片方にありながら、短期利益追求型のアクティビストとのやりとりに直面することが想定されます。日本企業はこれからの数年間、狭い意味でのアクティビストとステークホルダー論との間で苦悩する状況が続くと思います。

○武井　そうですね、アクティビストによるショートターミズムの脅威の問題点は、先ほど加藤先生がおっしゃった「株主以外の広い意味でのステークホルダーの利益が会社の企業価値の向上や持続的な成長に重要であるということは、おそらくほとんどの会社法研究者の同意するところだと思います」という前提さえも覆すような、特定株主がその保有している議決権等を駆使して、他のステークホルダーからパイを奪う形で、その特定株主とその背後の者だけが短期で儲かるような投資手法が横行した点にあると指摘されています。社会的不公正性についての問題意識も、欧米でステークホルダー論が活発化している要因であると思います。

　また日本ではスチュワードシップコードでスチュワードシップという概念が導入されたわけですが、こうした特定株主の短期利益を図る行動は、先ほど三瓶さんがおっしゃった本来のスチュワードシップの概念にも反しているわけですね。

○神田　狭い意味でのアクティビストについては、あらためて取り上げたいと思います。

　機関投資家の保有についていえば、日本でこのまま安定株主が減っていけば、海外のような事案は日本でいつ起きても不思議はないですよね。機関投資家が賛同すればいつでも起こり得る話だと考えたほうがよいと思います。

3　株主価値最大化論と権限分配論とは別である

○武井　ちなみにここまでお話ししたステークホルダー論と、先ほど児玉さんからご指摘のあった「株主がすべてを何でも決められる」こと（株主優位モデルの権限分配論）が適切なのか、株主、ボード、マネジメ

ントの誰が何をどのように決めるべきかという話とは、論点が違うという議論が学界でも有力になってきています。

　ステークホルダー論で株主価値論のほうを採用したとしても、株主優位モデルの権限分配論まで正しいという制度設計にはなりません。現に欧米は「株主がすべてを何でも決められる」という法制をとっていませんので。そういう議論の整理かなと思います。

○神田　今の武井さんの整理について、加藤さん、いかがでしょうか。

○加藤　株主価値最大化の話と株主がすべてを決められるという話は異なる問題だという点は私もそのとおりだと思っています。欧米と比べると、日本の会社法は、定款変更議案という形をとることで株主が業務執行に関する事項について承認されれば取締役を拘束する法的効力を持つ株主提案を行うことが可能であり、かつ、定款で株主総会の権限自体を拡大することも可能とされているという点で、株主優位モデルの権限分配論に依拠しているという評価になると思います。

　少なくとも会社法の研究者の中では伝統的に株主価値最大化論が支配的であったように思います。その背景には、親会社や支配株主を除くと株主が経営に対して実際に有している影響力がそれほど強くない中で、いかにして株主の利益を守るべきか、企業価値最大化に経営者を向けさせるか、という問題意識があったのではないかと思います。別の言い方をすると、会社法の条文はともかく実際は「株主は何も決められない」から、株主の利益を保護する必要性が高いということです。また、株主が残余権者であることが株主価値最大化と企業価値最大化を多くの場合に同視することを可能にするので、経営者の規律づけを目的とする制度整備を行う際の理念として、少なくとも会社法の研究者の間では株主価値最大化論が支配的となったのではないかと考えています。

　一方、日本では政策保有株主の減少と機関投資家の持株比率の増加があいまって、実際に「株主がすべてを何でも決められる」という状況が到来しつつあるという評価があり得るのかもしれません。たしかに、このような状況は株主優位モデルの権限分配論が想定していたものではな

いかもしれません。仮に企業価値の毀損につながる株主総会の意思決定がなされ、それに経営者が拘束されるという状況が存在するのであれば、それを放置することは適切ではありません。このような状況を生じさせている原因を明らかにし、何らかの対応がなされるべきです。

　ところで、株主総会を通して「株主がすべてを何でも決められる」可能性に加えて、エンゲージメントを望ましいものとする政策等を背景にして機関投資家自身がダイレクトに会社の経営に影響力を行使できるようにもなってきている点も無視できません。この場合、抽象的な株主全体の利益というより、特定の株主が自分の正しいと考えることを経営者に伝えることができてしまいます。株主が会社経営に意見を伝えるチャンネルが多様化していることに対して、株主価値最大化論かステークホルダー論かにかかわらず、株主を含むステークホルダーの意見が企業価値の維持向上に貢献できる仕組みを整備していく必要があると思います。

○武井　もう１点補足しますと、サステナビリティが重要となっている新しい資本主義の下では、特定の利害が短期で突出することが危険な時代なのだと思います。株主の利益といっても保有動機等や短期と長期とかいろいろ利害が異なっている。ステークホルダー間の利害もバラバラです。昨今の脱炭素にしても、昨今のウクライナ情勢により新たな議論も出てきていますが、いずれにしても日本にとってエネルギー戦略は日本人の生活や命に直結する話です。安全性、安定供給、コスト・経済性、環境という４つの要素の中で、「環境だけ」を極端に追求すると日本国民の生活がそもそも成り立たないという別のステークホルダーの被害を生み出すわけです。それもあってトランジションという概念がとられています。こうした経営環境下で上場企業が意思決定・経営判断を行うに当たっては、対外公表が難しい情報等も踏まえてバランスのとれた議論をする必要があり、その場所として、少なくとも入退場自由な株主から構成されている株主総会が構造的に抱えている多くの課題・問題がより顕在化してきている。それだけに欧米の法制と同様に、間接民主制によるボードの活性化で対応せざるを得ないのだと思います。詳細はあとで

権限分配論の箇所（本座談会 ⑧ ）で議論することになるかと思います。

4 資本関係と契約関係との違い

○神田　では次の論点に参ります。
○武井　資本関係と契約関係の違いについてお話しします。**図表4**をご覧ください。ステークホルダーにもいろいろな人がいるのですが、たとえばP社とS社は親子会社で日本にあって、それぞれ取締役がY₁、Y₂といる。あと海外のZ国にいろいろな契約関係者がいて、S社とF社とは契約関係です。その上で、F社の契約関係者のXがP社やS社に何でもかんでも義務違反があったといって提訴できる話ではないのだと思いますが、いろいろなステークホルダー論も、P社・S社やY₁／Y₂などの義務の中身を丁寧に議論しないと変なことになってしまうのでしょう。

　P社とS社の間は、P社はS社に一定の支配というか規律を働かせる資本関係で、いわゆる企業集団内部統制という言い方になるかと思います。他方で、P社・S社とF社との間は契約関係なので、P社・S社がF社やXの権益に対してできることはいろいろ限られているわけです。契約関係はあるが内部統制とは話が違う。逆にP社・S社のF社に対する支配力が何かあって何かをすべきであるという義務にまでなって、Xについての責任まで背負えないとなったら、P社・S社はF社との契約を切るのが合理的な選択になってしまいます。そうなると、F社の状態がより悪化して、Xはより救われないという悪循環となります。P社がS社に対して何かできるのかという資本関係の話と、契約関係者であるF社に対してできることの話は異なるのだと思います。ステークホルダー全体の利害の中で、Xが何か困ったらみんなで助けましょうということは、それはそれでわかるのですが、資本関係と契約関係とは性格が違うということを前提にした議論をしておく必要があるのだろうという論点出しが**図表4**になります。

【図表4】 資本関係と契約関係

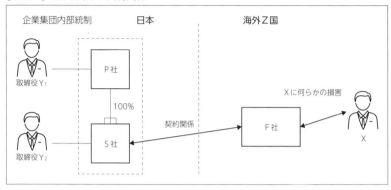

○神田　資本関係と契約関係の話についてですね。これも大事な話だと思います。ただ、といいますか、近年の会社法学では、経済的には資本関係は契約関係の積重ねであると考えられてきていますので、資本関係と契約関係は違うと考えていくのがよいのかは議論に値する問題だと思います。

○児玉　資本関係と契約関係の違いに関する**図表4**をみていて、法律論としては難しい議論だと思うのですが、実務的な側面から申し上げますと、これがサプライチェーンでありXがF社の従業員でF社のXに対する人権侵害があった場合は、人権デューデリジェンス分野の実務として、親会社やその取締役にとって現実的な課題となるのではないかと思います。

○神田　今のご指摘の人権デューデリジェンスについては、今年2月にEU指令案（Proposal for a Directive of the European Parliament and of the Council on Corporate Sustainability Due Diligence and amending Directive (EU) 2019/1937）が取りまとめられて公表されていますね。

　　［後注］　日本でも2022年9月13日に日本政府のガイドラインとして、「責任あるサプライチェーンにおける人権尊重のためのガイドライン」が公表されている。詳細は https://www.meti.go.jp/press/2022/09/202209130003

/20220913003.html を参照されたい。

○**武井**　なお、議論となっていた対象テーマは違いますが、「まあ地球環境に配慮する義務に違反したから任務懈怠になり、〔会社法〕429条によって誰かから訴えられるといったことは、現実にはあまり心配しなくていいでしょうが……」などの議論も出ています（「新・改正会社法セミナー第13回」ジュリスト1569号（2022）87頁〔藤田友敬発言〕）。より正確な議論はこのジュリストの座談会をご覧いただけましたらと思います。

○**神田**　加藤さん、コメントがあればお願いします。

○**加藤**　神田先生が言及された EU 指令案は人権を含むサステナビリティに関するデューデリジェンス（Corporate Sustainability Due Diligence：CSDD）を義務づけるものですが、会社からみて資本関係はなく契約関係しか存在しない相手方も CSDD の対象に含まれる場合があると理解しています。類似の規制はフランス法などにもすでに存在しますし（Code of Commerce, Art. L. 225-102- 4 ）、国際連合でも類似の制度整備に向けた取組みがなされているようです（OEIGWG Chairmanship, "Legally Binding Instrument to Regulate, in International Human Rights Law, the Activities of Transnational Corporations and Other Business Enterprises" (3rd Revised Draft, 2021)）。

　そこで資本関係と契約関係の区別についてですが、少なくとも CSDD などを義務づける目的との関係や実効性確保の観点からは、峻別すべきではないことが出発点となっているように思います。このような規制は、企業の国際的な事業活動が人権や環境に関する規制が整備されていない国で人権問題や環境問題を引き起こす原因の１つとなっているという認識に基づいているのではないでしょうか。このような認識からすれば、契約関係か資本関係かは重要ではなく、企業の国際的な事業活動に起因して他国で人権問題や環境問題が引き起こされているということが是正されるべき問題ということになります。**図表４**の事例を用いると、Ｚ国の政府が経済成長等を優先している場合、Ｓ社との取引等を失うことを懸念して人権問題や環境問題の解決を先送りにしてしまう可能性があり

ます。S 社と F 社は資本関係ではなく契約関係であるから P 社または S 社による CSDD の対象外になるとしてしまうと、Z 国の問題は放置されてしまう可能性があります。人権問題や環境問題についてはさまざまな条約や国際的な取決めがありますが、各国によるそれらの実施を後押しするメカニズムとして CSDD などは位置づけられているのではないかということです。ただし、国際的な問題の解決に企業が投下できる資源には限界がありますから、CSDD などの対象やその内容については取締役の善管注意義務のような司法解釈ではなく EU 指令案のような立法プロセスによる調整が望ましいと考えます。そのような調整の結果、CSDD の対象となる契約関係を一定の範囲に限定するのが解決策となる可能性はあり得ると思いますし、取締役の義務や責任の解釈においても尊重されるべきであるように思われます。

○武井　そうですね。P 社が子会社である S 社に対してできることと、S 社が取引先 F 社に対してできることとは、現実問題として厳然と違います。その中で、S 社ができもしない責務を負うような法制度になるとその帰結は S 社が F 社との契約を切ることになってしまい、その結果、F 社のステークホルダーの X の権益がかえって害され得る悪循環にもなります。S 社の法的義務や S 社の役員の善管注意義務について、F 社や X との関係で簡単に拡張的に解釈していってはいけないのだと思います。

5　DX ガバナンスの流れとマルチステークホルダー・アプローチ

○神田　最後にガバナンスにおいて重要性を増している DX ガバナンスの話と、それに関連したマルチステークホルダー・アプローチなどについてです。武井さん、お願いします。

▦ DX 化に伴うガバナンスの議論の進展

○武井 まず、今進行しているデジタル・トランスフォーメーション（DX）の視点からお話しします。今、AI ガバナンス等のデジタル・ガバナンス、ガバナンス・イノベーション、アジャイル・ガバナンスなどの議論が着実に進んでいます。

コロナ禍もあって、DX 化は本当に進んでいます。DX 化とは単なるデジタルではなくてトランスフォーメーションであって、ビジネスモデルの根幹的な転換もいろいろ起きていくわけです。「2020年経団連 DX 提言」は、DX を「デジタル技術とデータの活用が進むことによって、社会・産業・生活のあり方が根本から革命的に変わること。また、その革新に向けて産業・組織・個人が大転換を図ること」と定義しています。「従来から企業が導入してきた、デジタル技術や機械を用いた単純な改善・省人化・自動化・効率化・最適化をもって、DX とは言い難い。社会の根本的な変化に対して、時に既成概念の破壊を伴いながら新たな価値を創出するための改革である」、「DX はあくまで手段であり、それ自体が目的化してはいけない。企業の経営ビジョンを実現するためにどのように DX を活用するかという視点が重要である」と述べています。また同提言は、Society 5.0を「デジタル革新（DX）と多様な人々の想像力・創造力の融合によって価値創造と課題解決を図り、自ら創造していく社会」と定義し、「価値協創」「多種多様」「自律分散」「安心安全」「自然共生」がキーワードであると述べています。その上で、①巨大プラットフォーマー企業が多種多様で革新的サービスを提供し、個人のデータを独占的に集めてさらに高い価値を提供するグローバルなエコシステムを形成する「米国型」、②国家の政策的な下支えも受けて、巨大なテクノロジー企業が大規模にデータを収集し急成長を遂げ、データ活用による社会信用システムの形成が進む「中国型」、③デジタル単一市場戦略等をとりつつも GDPR（EU の一般データ保護規則）のような個人の権益保護を最重要視する「EU 型」等と比較して、④産業の裾野が広

く、リアルに強みを持ち、産学官でSociety 5.0という社会コンセプト
を共有している日本では、多様な主体が有機的かつ自律的に協創を進め、
データ連携等によって生活者価値の実現を目指す日本発の「価値協創型
DX」が1つの方向性であるとしています。日本は価値協創型なわけで
すね。

　企業その他の各主体が取り組むDXが社会的価値との両立を実現する
ための各種動機づけと規律づけの仕組みが「DXガバナンス」となりま
す。ビッグデータ、IoT、AIなどのデジタル技術が社会に実装され急
速な社会変革がもたらされる中で、イノベーション促進と社会的価値の
実現とを両立するための新たなガバナンスモデルのあり方を模索する
「ガバナンス・イノベーション」の必要性が指摘されています。

■　アジャイル・ガバナンスとマルチステークホルダー・アプローチ

○武井　DXの進展に伴って、いろいろな規律も含めて、ムービング
ターゲットといいましょうか、何が公正なのかを事前に明確に見通せな
い部分も出てきています。法制度面でも、セーフ・アウトの基準を決め
ても、決めてから数年ですぐにその基準が合わなくなるという事態にな
ります。そこでデジタルやシステム開発などの世界で使われる「アジャ
イル」という言葉が法制度やガバナンスでも出てきていまして、要は柔
軟な形で規律を考えていかないとうまく回らなくなっているという発想
が出てきています。

　DXが進む時代背景の下、日本経済、日本企業がうまく成長していく
ために、ガバナンスの世界でもアジャイル・ガバナンスという言葉が出
てきています。そしてその具体論の1つとして、「マルチステークホル
ダー・アプローチ」が指摘されています。単一の政府が全体に適用する
ルールを作るというよりは、各ステークホルダーが協調してルールの策
定や問題解決に当たることになります。

■■ AI ガバナンスを例に

○武井　たとえば DX ガバナンスにおいて企業が直面する典型例として、「データガバナンス」と「AI ガバナンス」があります。

　後者の AI ガバナンスについて少し話しますと、AI はさまざまな社会課題の解決に資するものとしても期待されていますが、他方で、さまざまなリスクもあり、社会が安心できる形で AI が利用されるガバナンスが重要となります。2021年の経済産業省の整理（経済産業省「AI 原則実践のためのガバナンス・ガイドライン ver.1.0」(2021年 7 月 9 日)、同「AI 原則の実践の在り方に関する検討会報告書」(同))では、「AI ガバナンス」が「AI の利活用によって生じるリスクをステークホルダーにとって受容可能な水準で管理しつつ、そこからもたらされる正のインパクトを最大化することを目的とする、ステークホルダーによる技術的、組織的及び社会的システムの設計及び運用」と言及されています。ビッグデータによるプライバシー侵害の懸念や、個人等が自らの知らないうちに社会におけるラベリングが行われるプロファイリング等、個々の権利の侵害にいかに対処するかなども論点となります。AI を活用する企業側においても、バイデザインでのガバナンス態勢の構築が重要となります。

　なお以上のマルチステークホルダー・アプローチの話は、先ほどからのお話とリンクさせますと、シングルマテリアリティの世界で説明できる話なのだと思っています。マルチステークホルダー・アプローチだからといって、物事が決まらない会社になっていくのはおかしいので、企業価値を基軸として物事を決めていく前提は動かさないのだと思います。

○神田　有り難うございました。この話題について、皆様からコメントがあればお願いします。

○三瓶　長期的な企業価値という軸がブレなければ、マルチステークホルダー・アプローチはシングルマテリアリティで説明できると私も思います。また、DX やアジャイルについてですが、実際に進めるにはダイバーシティ・アンド・インクルージョン（多様性と包摂性）による視点・

発想の取込みが欠かせないと思います。同時に、話しやすくオープンな
コミュニケーション環境とその実践が必要だと思います。物事を決める
のに非常に時間がかかり、見直しに慎重な風土・文化とはかなり異質な
ものであり、体験などを通じてコミュニケーションの仕方・発想を変え
ていく必要があると思います。先ほど武井さんが挙げられた DX ガバナ
ンスはそれはそれで整理する必要があると思いますが、企業には規律が
整備されるまで様子見して動かない受身ではなく、率先して自分達が考
える AI ガバナンスの世界と自分達こそが提供できる新しい価値を提案
する開拓者精神が必要だと思います。NTT がラスベガス市の都市ス
マート化をめぐり米国競合企業を差し置いて受託した件などはよい例だ
と思います。

○加藤　アジャイル・ガバナンスやマルチステークホルダー・アプロー
チは、急速な社会の変化に対応するためには規制の手法だけではなくそ
の存在意義に遡った根本的な変容が必要であるとの問題意識を背景とす
る試みであると思います。私もこの問題意識には共感を覚えます。

　企業を対象とする規制では、規制によって企業が遵守すべき事項を詳
細に定めるというアプローチがとられることが多いように思われます。
しかし、このようなアプローチは現在の社会が変化するスピードに対応
できていないことは否めません。たとえば、新しい商品やサービスに適
用される一応の規制は存在したとしても、そのような商品やサービスの
リスクに対応した内容ではない可能性があります。このような可能性が
明示的に定められている事項さえ遵守していれば足りるとする経営方針
と結び付くと、消費者等が不利益をこうむる可能性があります。企業が
規制を遵守していたとしても消費者等が一定の不利益をこうむることは
規制の制定時から想定されており、立法プロセスによって調整済みであ
るとの反論が考えられます。しかし、規制も人間が作るのであり、人間
の能力には限界があるのですから、完全な規制というのはあり得ません。
将来に登場するであろう商品やサービスを完全に予測した上で規制を作
ることは不可能であり、新しい商品やサービスの登場によって制定時の

調整が不十分であったことが明らかになることもあるように思います。一方、前述した規制のアプローチが遵守すべき事項が明確にされない限り新しい商品やサービスの開発に慎重な態度をとるという経営方針と結び付くと、イノベーションに対する企業の行動を阻害する可能性があります。

　これに対してアジャイル・ガバナンスやマルチステークホルダー・アプローチでは、企業には自らが遵守すべきルールをさまざまなステークホルダーとの相互作用の中で設定し更新していくことが期待され、規制にはこのような企業とステークホルダーの行動を後押しする役割が求められているように思われます。企業が遵守すべき事項を政府が詳細に定めるというアプローチの限界を放置することはもはやできず、見直しの必要があることは否めません。アジャイル・ガバナンスやマルチステークホルダー・アプローチは有力な選択肢となり得るように思います。アジャイル・ガバナンスやマルチステークホルダー・アプローチのように規制のアプローチが大きく変わると規制を遵守するということの意味も変わります。そのため現在の法令遵守に関連する取締役の善管注意義務の内容などに再検討の必要が生じるかもしれません。

○**武井**　有り難うございます。アジャイル・ガバナンスやマルチステークホルダー・アプローチを踏まえ、取締役の善管注意義務の考え方、法令遵守に関する考え方にも一定の変容が生じるのだと思います。この点も学界を含めて議論が進展することを期待します。

5 無形資産・人的資本

○神田　それでは、無形資産・人的資本の関連の話に移ります。議論を始める前に、武井さんから論点を簡単に整理していただきます。

○武井　皆様ご案内のとおり、2021年のコーポレートガバナンス・コードの改訂で、無形資産や知財、人的資本について、投資等の戦略を取締役会で議論した上で方針等を開示・説明する旨が規定されました。この無形資産や人的資本の話は、本座談会でのこれまでの話の流れからしますと攻めの話、ポジティブな話であり、また相当重要なことをいっているのだと思います。

1 知財・無形資産ガバナンスガイドライン

○武井　コーポレートガバナンス・コードの改訂を踏まえて、各上場企業が形式的コンプライに走ると意味がありませんので、2022年1月に、三瓶さんもご参加の内閣府の研究会から、知財・無形資産ガバナンスガイドラインが公表されています。経済産業省の価値協創ガイダンスともリンクしています。

　先ほどのお話にもありましたが、日本の上場企業でPBRが1を割っている企業は3割〜4割あります。PBRはいろいろなことで決まりますが、論理的には無形資産の価値がきちんと評価されていないといえる

のかもしれません。時価総額が伸びている欧米企業ですと無形資産が時価総額に占める割合が8割〜9割といったように相当多いところもあります。本座談会の中でもすでに、三瓶さんから、事業モデルの変革であったりいろいろなことをもっと進めていく必要があるのではないか、元々ガバナンス改革というのはそういう趣旨ではないかというお話もありました。

　知財・無形資産ガバナンスガイドラインは5つのプリンシプルと7つのアクションを示しています。①価格決定力／ゲームチェンジにつなげる、②費用でなく資産の形成ととらえる、③ロジック／ストーリーとしての開示・発信を行う、④全社横断的な体制整備とガバナンス構築を行う、⑤機関投資家・金融機関側への目線として、中長期視点での投資への評価・支援を行うという5つのプリンシプルは重要な問題提起をしていると思います。

■ 価格決定力／ゲームチェンジにつなげる

○武井　日本企業は依然として有形資産を重視する傾向にあって、新たな知財・無形資産に投資することによって付加価値の高い新たなサービスに転換し、新たなマーケットを創出していこうという試みにおいて後塵を拝しているのではないか。もっと知財・無形資産への意味のある投資を促すことが大事ではないか。また「営業利益率10パーセントの壁」という指摘もされています。三瓶さんもよくご指摘されているところですが、日本企業はマークアップ率がなかなか低いと。自社の提供しているサービスなりモノなりの付加価値がいまいち会社全体で認識されておらず、簡単に値引きしてしまうのではないかなど、知財・無形資産にきちんと価値を見出すべきという問題意識があります。こうした問題意識を踏まえて、価格決定力／ゲームチェンジにつなげる（プリンシプルの①）、が出てきます。昨今これだけDX化が進んでいる。デジタルプラットフォーマーの出現を含めいろいろなゲームチェンジが起きている。そうした中で、価格決定力を握る、あるいはゲームチェンジにつなげる

ことで、知財・無形資産の戦略をきちんと作らなければいけない。それが今回のコーポレートガバナンス・コード改訂での知財・無形資産の戦略をきちんと構築する実践であるということが書かれています。

■ 費用でなく資産の形成としてとらえる

○武井　その上で、特に日本企業では、費用ではなく資産の形成としてとらえる（プリンシプルの②）ことが重要であるということです。会計上、知財・無形資産の投資というのは一部の減価償却資産を除いて大半が費用化していて、単年度費用となった瞬間に、営業利益の額や率を高めるために費用の安易な削減対象になっているのではないか。会計上の数値を追いかけすぎていないか、費用の削減のために知財・無形資産への投資を回避していないかという問題意識です。

　バルーク・レブほか『会計の再生』の議論では、「それ自身では実質的な価値を創り出すことができない物的投資や金銭投資が、貸借対照表に満額で認識されるのに……、特許、ブランド、ノウハウといった自己創出される無形資産—強力な価値創造主体—が即時に費用化される。つまり、損益計算書の中で、将来ベネフィットのない経常的な費用（給与や貸借料など）として処理されていることは、なんと皮肉なことだろう」などの指摘が従前からあります。ただ会計原則を日本だけ変えてもグローバルに意味がないので、会計原則を変えるかどうかでなく、単年度費用ではなく資産としての発想で、しかもその資産にどういう意味があるのかということを企業が示す形で発信すべきでないのかということです。

　欧米の機関投資家の中には、R&Dを無形資産として計上して取り扱っており、その償却費と新たな投資額との比率から、その企業が維持更新程度の投資しかしていないのか、プラス成長に向けた新規投資をしているのかをみているとの指摘があります。企業価値を保有資産の生産性（Return on Invested Capital）から評価する資本市場／投資家にとって、Invested Capital はバランスシート上の資産だけでありません。無形資

産は、(i)研究開発資本（研究開発費）、(ii)人的資本（人件費）、(iii)組織資本（販管費）に分けられるところ、積極投資をきちんと意味を紐づけた上で対外的に示しているほうが、理解している投資家からもちゃんと高く評価されて株価リターンが上がっているという実証研究もあります。知財・無形資産を将来キャッシュフローを生み出すオプションとして把握する。資産的にとらえることで、投資効果が現れる期間や投資有効期間など価値創造能力の可視化にもつながる、単に終わった費用ではない、ということを指摘しています。

■ ロジック／ストーリーとしての開示・発信

○武井　その上でロジック／ストーリーとしての開示・発信を行う（プリンシプルの③）ということです。このロジック・ストーリー性のある開示は、このテーマに限らず、日本の上場企業の経営課題全般において取組みが進んでいくことが期待されています。特に最近のDX化の時代には各所で急速なビジネスモデルの転換が求められています。さらにIoTなどにみられるように、デジタルでは多くのことが知財化・無形資産化されていくわけです。知財戦略をきちんとやっておかないとDXの時代は乗り切れないのではないか。

　これらをまとめると、いろいろな目に見えないものに価値がある、「目に見えないものの価値の見える化」をどうするかという論点となります。デットの世界では事業成長担保とかの議論も進められていますが、エクイティ版の話となります。

　ここで私からの紹介はいったん終えまして、三瓶さんから適宜補足等をしていただけましたらと思います。

　　［後注］　知財・無形資産ガバナンスガイドラインに関する解説として、たとえば川上敏寛「『知財・無形資産ガバナンスガイドライン』の概要と企業関係者への示唆」商事法務2297号（2022）32頁以下など。

■■ 考え抜いた上で有限な経営資源を効率的に活用することの重要性

○三瓶 そうですね、まず最近、新聞・メディア等で、アメリカの成長著しい企業の時価総額と株主資本や有形資産を比べて、その差額が非財務資本であるとか無形価値であるといった表現がされています。内閣府の会合でも、オーシャン・トモという会社がデータとして提供しているS&P500構成企業の無形資産の割合と日経225を構成する日本企業の無形資産の割合が示されていますが、これはとりあえず無形資産と呼んだというもので、一定の定義によって対象項目を特定して積み上げた無形資産ではないということに注意が必要だと思います。経済産業省、内閣府、与党議員との議論でも、無形資産への投資が少ないとの指摘が繰り返されていますが、あたかも対象物がはっきりあるように思っている人が結構いるようなので、そこは要注意だと思います。オーシャン・トモが無形資産と表現しているのは、単に時価総額から有形資産を引いた残差なので、むしろ会計で把握できる有形資産をはるかに上回る時価総額を形成する理由は何なのかが重要なのです。

　たとえば、非常に高いROEやROIC実績とともに成長している企業のバランスシートをみると、大した資産はないのにどうしてその企業はそんなに成長するのかということです。バランスシートで特定できるものではないところからキャッシュフローが創出されているのだろうということで、そのキャッシュフロー創出の根拠となるものをあえて無形資産といっているのです。

　言い方を変えると、限られた有形資産からすごい稼ぎ方をしているということでもあるのです。それは、いろいろな経営資源をどうやって効果的に使って稼ぐかということを考え抜いて実践しているということです。

付加価値を正当な価格で売る価格決定力を持つこと

○三瓶　企業の方と知的財産の価値化をさまざまな角度から議論していく中で、知財部と研究開発、研究と開発が分かれていて、生産は別段階であり、製品を売る営業があり、非常にまれな発明であっても、顧客と直接接する営業に価格提示の裁量があり売りやすくするために安くすることで、企業の中から外へ出ていく段階で潜在的な価値が相当目減りしているということがみえてきました。先ほどの5つのプリンシプルの中で、やはり何らかの発明や工夫をして付加価値を創出して提供するときに、それにどんな価格を付けて提供するかがとても重要なので、明確に経営の方針として価格決定力を持ってほしいというのが、このガイドラインでの1つの強いメッセージです。

　高く売るといっても不当に高く売るわけではありません。付加価値に見合った正当な価格で売るということは、そこで回収した資金をさらに再投資できるということ、それがあってはじめて循環するのだという理解でゲームチェンジをしてほしいということです。

費用でなく資本的支出・資産としてみることの重要性

○三瓶　経営の方針として明確に価格決定力にこだわるには、みえないものをみえる化することによって、どんな価値を生んでいるのかをまず社内で自覚・共有することが重要だろうということです。

　特に時間の観点が重要です。研究から販売まで必ず時間差があるからです。最初に何らかの投入をしてから、それが付加価値の高いものとして出てくるまでの時間が数年かかるだろうということを少なくとも社内で共通理解を持って、またそれを外に対して説明していくためには、費用というよりも資本的支出ととらえて資産化するという発想がよいだろうということです。

　私の経験では、研究開発費は資産計上すべきではないかという議論が欧米で1990年代終わり頃から2000年代初めに結構あって、その頃から資

産化する手法を日常的に使っていました。そうすると、会計上は毎年費用として消えていく研究開発費ですが、効果出現を期待する時間軸を考慮して累積した研究開発投資額がたしかに外からもみえるのです。それと同様のことをもっと社内の方にやってもらって把握してほしいというメッセージが込められていると思っています。

　資産化してみえるようにすると、投資家からのコスト削減プレッシャーに負けて、非常に重要な投資または予算にもかかわらず削ってしまうということに陥りにくいと思います。どういう時間軸で考えていて、どんなリターンを想定しているかということを社内でも理解し、それを投資家に伝えるというのは、削ってはいけない将来のための重要な予算をしっかりと確保しておくことを正論で説明するという観点からも重要なのではないかと思います。

○武井　有り難うございます。ご指摘のとおりで、知財や無形資産のみえる化といっても、大半の知財・無形資産には流通市場はありません。その知財や無形資産の担保価値について議論しているのではなく、それがあることによって企業の収益やキャッシュフローの維持・増大にいかなる効果を発揮しているのかをロジカルに分析することだと思います。特許の数やロイヤルティ収入などの狭いものではなく、事業戦略上の参入障壁やコモディティ化の防止などの観点からどういう機能を果たしているのか。ロジカルに説明できるほど、企業利益に対する知財・無形資産の貢献比率は高いことになり、それがまた知財・無形資産への投資を支えるロジックになるわけです。良い製品・サービスの開発に注力している中、ブランド力への投資においてグローバルに後手を踏んでいるともいえます。

2　人的資本をめぐる議論

○武井　では続きの人的資本の話まで終えてしまいます。

　無形資産の多くの部分が人に帰属していて、人の付加価値を高める話

でもあります。そして人的資本についての政策も進められています。いわゆる人材版伊藤レポートが公表されていますし、金融審議会のディスクロージャーワーキング・グループや政府の新しい資本主義実現会議でも議論がなされています。

　人的資本という言葉は人が資本なのかという議論が昔はあったのですけれども、最近は企業価値の向上に資する個々人の知識、スキル、能力、特性が人的資本だという概念が受け入れられつつあります。米国では2020年秋に企業が事業運営する上で重視する人的資本の取組目標を開示するSEC規則が開始され、またISO30414などから指標も公表されています。

　今後は、どういったKPIであれば人の付加価値の向上、ひいては自社の企業価値の向上につながるのかという部分の選定・設定が、各社の成長戦略にとってとても重要になってくるかと思います。人的創造性、人的投資額、後継者準備率、新分野開拓指数など、各社いろいろと工夫を凝らしたKPIが公表されています。KPIの前提にはロジック／ストーリー性があるわけで、自社の人材戦略が経営戦略とのリンク、現状と将来との差異の把握、人材戦略を実行する企業文化などが関連してくるかと思います。

　人的資本の議論の１つの背景には、人がより豊かになる、社会から納得感がある資本主義に向けた見直しの議論があります。「capital＝資本」とは決してカネだけではない。先ほど議論をした無形資産、さらには社会関係資本やネットワークとかもあるわけです。そうした中で各人の付加価値を高めていくのだと思います。

　［後注］　2022年５月13日に公表された経済産業省「人材版伊藤レポート2.0」については https://www.meti.go.jp/press/2022/05/20220513001/20220513001.html を参照されたい。2022年８月30日に公表された内閣官房「人的資本可視化指針」については https://www.cas.go.jp/jp/houdou/20220830jintekisihon.html を参照されたい。

　2022年６月のDWG報告書では以下のように述べられている（同報告書13頁以下）。

3．人的資本、多様性に関する開示

(1)　人的資本、多様性に関する開示を巡る状況

　「新しい資本主義」の実現に向けた議論の中では、人への投資の重
要性が強調されている。具体的には、人件費を単にコストと捉えるの
ではなく、人的投資を資産と捉えた上で、人的投資が持続的な価値創
造の基盤となることについて、企業と投資家で共通の認識をすること
を目指している。また、未来を担う次世代の中間層の維持の観点から
は、男女間賃金格差の是正にも取り組むこととしており、これらの点
を含め、非財務情報の充実を図ることとしている。

　人的資本、多様性に関する開示については、これまで以下の取組み
が行われてきた。
・　2021年6月のコーポレートガバナンス・コードの再改訂により、
　経営戦略に関連する人的資本への投資や、多様性の確保に向けた方
　針とその実施状況の開示が盛り込まれた。
・　金融分野以外の取組みとしては、女性の職業生活における活躍の
　推進に関する法律（以下「女性活躍推進法」という。）により、一
　定以上の労働者を常時雇用する事業主に対して、女性の活躍に関す
　る情報公表を義務付けており、女性の管理職比率や男女別の育児休
　業取得率は、情報の公表項目の選択肢として位置付けられている。
　また、育児休業、介護休業等育児又は家族介護を行う労働者の福祉
　に関する法律（以下「育児・介護休業法」という。）の改正により、
　2023年4月から労働者を1,000人超常時雇用する事業主に対して、
　男性の育児休業等の取得状況の公表が義務付けられる。さらに、厚
　生労働省において、女性活躍推進法に基づく、男女間賃金格差その
　ものの開示を充実する制度の見直しについて検討が行われること
　となっている。

　一方で、国際的には、例えば、以下のような開示の議論が進んでい
る。
・　米国では、SECが、2020年11月、非財務情報に関する規則を改
　正し、年次報告書において人的資本に関する開示の義務付けを行っ
　た。これにより、企業は、事業を理解する上で重要な範囲で、人的
　資本についての説明や、企業が事業を運営する上で重視する人的資

本の取組みや目標などの開示が求められている。
・ 国際標準化機構（ISO）は、2019年1月、ISO30414を策定し、人的資本の状況を示す指標を公表している。

　こうした中、国内外の企業では、人的資本や多様性に関する戦略や方針、人材の育成・維持するための主要なプログラム、関連する指標の実績や目標をインプットとアウトカムに分けて開示するといった取組みが進んでいる。

⑵　人的資本、多様性に関する開示の対応

　人的資本や多様性については、長期的に企業価値に関連する情報として、近年、機関投資家においても着目されており、企業価値との関係を示す研究結果も存在している。現時点において、人的資本や多様性に関する情報がISSBによる国際的な基準策定の対象となるかは未定であるが、多くの国際的なサステナビリティ開示のフレームワークで開示項目となっている。また、米国では前述のSEC規則の改正が行われたこともあり、多様性に関する取組みを含めた人的資本の情報開示が進んでいる。

　こうしたことを踏まえ、我が国においても、投資家の投資判断に必要な情報を提供する観点から、人的資本や多様性に関する情報について以下の対応をすべきである。

⒤　中長期的な企業価値向上における人材戦略の重要性を踏まえた「人材育成方針」（多様性の確保を含む）や「社内環境整備方針」について、有価証券報告書のサステナビリティ情報の「記載欄」の「戦略」の枠の開示項目とする

⒤⒤　それぞれの企業の事情に応じ、上記の「方針」と整合的で測定可能な指標（インプット、アウトカム等）の設定、その目標及び進捗状況について、同「記載欄」の「指標と目標」の枠の開示項目とする

⒤⒤⒤　女性管理職比率、男性の育児休業取得率、男女間賃金格差について、中長期的な企業価値判断に必要な項目として、有価証券報告書の「従業員の状況」の中の開示項目とする

　この際、上記⒤⒤⒤の多様性に関する指標については、企業負担等の観点から、他の法律の定義や枠組みに従ったものとすることに留意すべきである。

　なお、女性活躍推進法、育児・介護休業法等他の法律の枠組みで上

記項目の公表を行っていない企業（現行制度を前提とすれば、女性管理職比率や男女別の育児休業取得率は女性活躍推進法に基づく公表項目として選択していない企業、男性の育児休業取得率は従業員1,000人以下の企業で任意の公表も行っていない企業等）についても、有価証券報告書で開示することが望ましい。開示する際には、投資判断に有用である連結ベースでの開示に努めるべきであるが、最低限、提出会社及び連結会社において、女性活躍推進法、育児・介護休業法に基づく公表を行っている企業は有価証券報告書においても開示することとすべきである。

　また、定量的な指標の開示にあたっては、投資家が適切に指標を理解することが重要であるため、企業が指標に関する説明を追記できるようにすることが考えられる。

○神田　有り難うございました。では、皆様からコメントをいただけましたらと思います。

○児玉　今お話があったところ、日本企業に欠けている視点をグローバルスタンダードから提言するもので、まったくそのとおりだと思います。私からは日本企業の現在地について皆様と理解を共有させていただきたいと思います。

　まず知財に関してですが、日本の知財の世界というのは基本的にディフェンシブで、訴えられることに対してどのように守るかというのが法務の人間の考えることであって、残念ながら資産としての価値をプロアクティブに考えることは、まだまだ意識が低いと思います。統計は持っていませんが、かなりの日本企業がパテント・トロールに知財の権利を移管してしまっている状況にあるのではないかとさえ思っています。

　たとえば私の会社が知財関係で訴えられるという場面では、パテント・トロールが原告というケースが増えています。たどってみると、元々は日本企業が持っていた権利をパテント・トロールに売ってしまったものであるということが比較的多いです。統計値は持ち合わせていませんので、肌感覚での発言にはなりますが、三瓶さんご指摘のように、無形資産の価値について日本企業はあらためて自覚することから始める

必要があると実感しています。

■ 日本的雇用慣行との調整

○児玉　もう1つは人材の話です。これは法律とは関係ないのですが、今回の政府の提言は、長年にわたる日本の課題を一気にあるべき姿にまで持ち上げようとするもので、その方向性は正しいのですが現実とのギャップをどう埋めるか、これこそが課題なのだと思います。日本が今までやってきた終身雇用を前提とした雇用の形態が現実にあるわけですが、それを急に、大きく変えることは相当の荒療治が必要となるような気がしてなりません。

　特に人材の分野の議論は、これまでの労働・雇用慣行、労働市場の流動性、さらには企業が従業員にこれまで提供してきた教育内容などが密接に関連するところであり、こうした分野の議論もあわせて対応していく必要があると思います。またそうしていかないと日本人労働者の多くが、特に勤続年数が長い人ほど、裏切られたといいますか、何か腑に落ちないと感じるのではないかという思いがあります。

○加藤　無形資産、人的資本関連の武井先生、三瓶さん、児玉さんの話は共感する部分ばかりであり、かつ、法律の話というよりは、いわば会社経営のあり方、戦略の立て方という話ですから、こういった問題について、法制度がどこまで貢献できるかということが今後問題になってくると思います。

　これまでの日本の高度経済成長期は製造業が中心となっており、製造業を前提としてさまざまな社会の仕組みが作り込まれてきたと理解しています。しかし、利益を上げることができるビジネスというものが継続的に変化していく中で、日本企業がそういった流れにどうやって対応するかということが、この30年ぐらいずっと問題になっていたのだと思います。

　ですから、無形資産や人的資本に関する問題も、30年できなかったことについて、どうすれば企業に変革を促すことができるかということが

課題になります。ご紹介いただいたガイドラインはコーポレートガバナンス・コードを参考にしたものではないかと思います。コーポレートガバナンス・コードによる企業の行動の変容は、機関投資家と上場企業の対話を通じてのものです。したがって、三瓶さんがおっしゃったような無形資産や人的資本についてどのように企業が考えて、実際にどのように戦略的な行動をしているかということを開示していただいて、それについてエンゲージメントしていくという、これまでの基本戦略に乗せていくということかと私は理解しました。

○武井　そうですね。知財・無形資産は、事業を守るだけでなく、経営判断を助ける重要ツールになりますね。そういう経営上の考え方の変化が、今般のコーポレートガバナンス・コードの改訂を1つの契機として起きつつあることを期待しています。

○神田　私はこの2つのテーマはどちらもすごく日本の課題を示しているなと思います。人材のほうでいえば、ESGのSとかヒューマンというときは、グローバルでは人権を指し人材はダイバーシティと格差くらいです。ただ、日本にとって人材はきわめて重要で、児玉さんがおっしゃったような論点というか現実があるので、これをどうすればいいかということを議論することは非常に重要だと思っています。

　知財・無形資産のほうですが、私がガイドラインを拝見した第一印象は、非常にいいことをいっていると思うのではありますが、しかし会計制度を自分で変えることはできないし、どうやったらいいのですかという印象をどうしても持ってしまいます。具体的にいうと、上場会社はもっと知財・無形資産をちゃんとやれというのはそうかもしれないのですが、その基礎にあるのは、投資家に評価してもらうから時価総額が高いわけで、評価してもらえないと時価総額は低いというマーケットの単純なロジックであると思います。そういう観点からいうと、伝統的に日本はものづくりで薄利多売という会社が少なくないので、バランスシートの発想にはならないですよね。それを変えてくださいというか、どこまで前に進むか、そういう問題をやはり抱えているように思います。

3　さらに前に改革を進めていくための政策

○神田　もう1つ、制度の話として申し上げますと、ここの議論はコーポレートガバナンス・コードの上に乗せるということでは収まりきらない面を持っているように思います。コーポレートガバナンス・コードというのは、ベースに会社法や金商法があって、その上に東証の企業行動規範として乗っています。したがって、たとえば投資家と企業の対話ガイドラインはその上にスチュワードシップ・コードと一緒に乗っかっているわけですが、今日の話はちょっとそれを超えています。特に児玉さんがおっしゃった人材のほうはもっと超えていると思うのです。そうだとすると、特別法を作るなり法律を改正して、その上にガイドラインを乗せてやっていくという姿勢が必要ではないかと思いました。知財と無形資産は三瓶さんがおっしゃったとおり何を議論するかで違ってくると思うのですが、私の感覚では、ガイドラインばかり作るとガイドライン公害になってしまいます。ガイドラインではなくて、法律を改正してやっていかないと、会社法や金商法の枠の中では収まりきらないものを含んでいるという感じを制度論としては持ちました。

　もう1点は三瓶さんがおっしゃったことで、私が知る限り、オーシャン・トモの統計をガバナンスの文脈に位置づけて議論した最初の人はオックスフォード大学のコリン・メイヤー教授だと思います。メイヤー教授が論文（Colin Mayer, Reinventing the corporation, 4 Journal of the British Academy 53（2016））でおっしゃっていたことは先ほど三瓶さんがおっしゃったとおりで、Apple のような単純なアセットしか持っていない会社がなぜこんな時価総額になるのかというところが出発点です。それを無形資産と呼んでいるので、結局これは経営戦略でありマーケティング戦略であり、いろいろなものの組合せだと思います。そこを投資家が評価するから時価総額が高いのですが、日本企業はそこが決定的に欠けていると思います。ですから、そこに焦点を当てた施策を打って、

場合によっては国の施策であれば法律を使って進めていくぐらいの姿勢でないと少し物足りない感じがするというのが私の感想です。

4　企業側に求められるロジック／ストーリー性

○**武井**　デジタル化の時代に時価総額を高めているグローバル企業はいろいろあるのですが、その１つの特徴が、デジタル化によってグローバル化も起きている中、限界費用ゼロで、かつ景気に左右されにくい多様なサービスを新興国も含めたグローバル市場に展開できていることによるビジネスモデルの成功ではないかということが、少ない有形資産でこれだけ価値を出していることの説明として１つあり得ます。その意味で、知財・無形資産は、ビジネスモデルをどう作るかという議論の中で必然的に出てくる問題だということだと思います。

　三瓶さんに追加でお話しいただければと思うことが２点あります。第１が人件費や研究開発費等が、何でもかんでも高ければ高いほど企業価値にすぐ結び付くわけではないと思いますので、会計原則が変わらない前提で企業側が何をどう説明するとロジックとして機関投資家側に対して説得力があるのかということです。さらに、先ほど2000年頃から機関投資家のほうでいろいろな分析をされているという話がありましたが、いきなり企業側から何の開示もない状態で機関投資家に分析してくれというのは結構難しいと思いますので、企業側でロジックの伴った発信の工夫、さらにいうとビジネスモデルとリンクしたロジックの発信の工夫という点でいろいろとやるべきことがあると思いますが、どういった点を期待していますかというのが１点目の質問です。

　２点目が、研究開発費など単年度費用になっているものよりも、工場のような目に見えるもので、しかも減価償却資産のほうが投資しやすいという企業の行動を生んでいるのがよいのかということです。デジタルを使った知財である程度稼ぐようなビジネスモデルがなかなかできにくかった背景があるのではないかという問題意識もあったと思いますので、

三瓶さんから補足説明していただければと思いました。

○神田　武井さんの1点目の質問は、先ほどの三瓶さんの、抽象的にいえばバランスシート的発想でみえる化をして、時間軸も考慮してというお話に付け加えてお聞きする問いであると思います。私の印象では、知財・無形資産投資がどうこうという話よりも、入ってくるキャッシュフローをどれだけ成長投資に回すのかという単純な話のように思います。経済産業省の研究会でもソニーのお話を伺って、非常に素晴らしいと思いました。事業ポートフォリオの組合せも素晴らしいと思いましたが、同時に、入ってくるキャッシュフローをM&Aも含めて巨額の成長投資に回すとおっしゃっていました。知財・無形資産という言葉はそういうものも含めて使っていると思いますが、その姿勢が企業によっても違うと思いますので、どうかなという感じを持ちました。

○三瓶　そうですね、無形資産投資や資産化ということをいっても、頭の中で概念的にとらえているだけだとピンとこないと思いますので、図表5をご覧ください。これはある会社の研究開発費のデータを業種ごとの減価償却年数を考慮して資産化してみたものです。

　そうすると、「あなたの会社はこのようにみえます」、「他社と比較すると高い水準です」などということがみえてきます。これは業種によって当然違います。創薬企業などは研究開発の予算自体がかなり大きいし、研究開発投資効果の期間が長いので大きく出てきます。投資に見合った回収ができているかという意味で粗利率もみていますが、みえる化は意外と簡単にできます。

　国際比較のため同様の方法で内外企業のデータを集計して、たとえば粗利率が高い会社と低い会社に分けて、それぞれのグループの有形固定資産に対する無形資産の割合は何％かをみると、図表6のように、1,800％などという軸になるのです。アメリカ企業は高くて日本企業は低いというのは大体予想どおりです。ここで分子は、研究開発費を資産化した金額とM&A等で取得した無形資産の合計ですが、研究開発費を資産化した金額のほうが外部から取得した無形資産よりもはるかに大

【図表5】 研究開発費の資産化

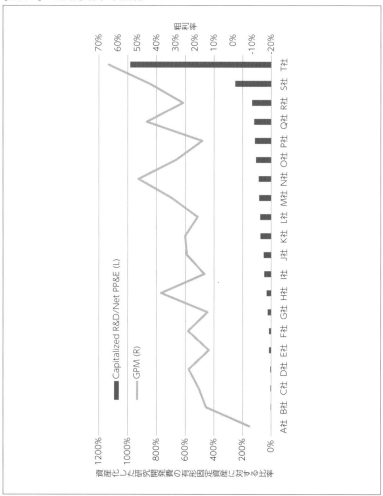

（出所） Credit Suisse HOLT Lens のデータを基に作成。

きいことを確認しています。

　もっと重要なのは、**図表7**のように、営業利益率10％を境にグルーピングすると、なんとアメリカでは営業利益率が10％未満の会社ほど無形

【図表6】 資産化した研究開発費および取得した無形資産の有形固定資産に対する
割合①

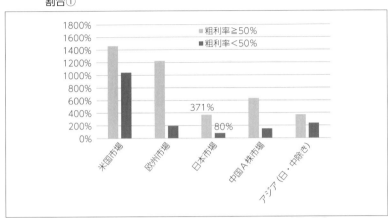

(出所) 時価総額10億ドル超企業を対象；Credit Suisse HOLT Lens のデータを基に作成。

【図表7】 資産化した研究開発費および取得した無形資産の有形固定資産に対する
割合②

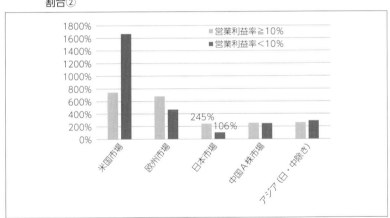

(出所) 時価総額10億ドル超企業を対象；Credit Suisse HOLT Lens のデータを基に作成。

資産投資をしているということです。彼らは、今は利益がないけれども
将来大きく利益成長するために必要な投資を行っているのだから期待し
てくれということを正面切って投資家に説明しています。

日本では、黒字にしなければいけないからできるだけ足元で余計な費用をかけないようにしようとしていて、どんどん先細るようなことになってしまっている懸念があります。

　このようにみえる化すると、皆様に相当危機感を持って聞いていただけるかと思います。そもそも比較している有形固定資産自体も日本企業では投資が相当抑制されている状況です。日本企業は工場等への設備投資もかなり控えめにしており、老朽化したものを丁寧に丁寧にメンテナンスして当初想定した耐用年数よりも長く使っていて、価格決定力で利益を牽引するのではなく、コストを削減することで何とか足元の利益を捻出している状況が続いているということが表れています。こういったことをファクトとしてとらえることが正しい判断をするために重要だと考えます。

○武井　そうですね。人件費であったり研究開発費の効果というのは、単年度で決して埋没するものではありません。自社のパーパスやビジネスモデルに照らして企業価値向上に意味があるとロジックを立てられる人件費や研究開発費等を、営業利益に足し戻して、国内外の中長期の機関投資家の方々に発信していくということが考えられるかと思います。その際、ロジックの箇所が大変重要になるかと思います。またこういったロジックの一連の流れの中で、今とても関心が高まっていますサステナビリティ事項なんかも関連してくるのだと思います。

　1つの先端的な取組事例として、柳良平「従業員インパクト会計の統合報告書での開示」月刊資本市場433号（2021）24頁などもありますので、適宜ご参照いただけましたらと思います。

■ 人的資本におけるグローバルな比較可能性

○三瓶　人的資本の話ですが、児玉さんがおっしゃったとおり、海外の視点、国内の視点があり、それぞれの焦点を明確化することによって最終的な情報開示の中身または情報開示の要点を整理しなければいけません。情報開示というと比較可能性とイコールのようにとらえられがちで

すけれども、人権や公正性の点では比較可能性は非常に大事ですが、日本で人的資本をもっと活性化していこうという話は、個社ごとにとるべき施策がかなり違うことなので、他社との比較可能性は実は二の次だという点が重要です。こういったことを、情報開示を求めるときにしっかりと整理して伝えないといけないのだろうと思っています。

○武井　従業員エンゲージメントという用語や最近は「働きがい改革」などの言葉も使われていますが、仕事に対するヒトの熱意や満足度が1つの論点となっています。米国企業はGAFAMを中心に満足度が高いが日本企業はそれほど高くなくて出遅れているといった調査結果もありますが、日本での現場感覚として本当にそうなのか。日本企業には日本企業としての企業文化もあるので、その長所も踏まえて適切なKPIを選定すべきなのだと思います。

　他方で、日本企業が見直すべき点として、守りとか法務・経理・内部統制等の間接部門をコストセンターととらえる傾向があることが挙げられます。営業現場のような売上げなどの見える数字がないことから、なかなかみえる化していないのでコストセンターという表現が出てきてしまう。最近無事故無違反をKPIとした報酬設計をする企業も出てきていますが、こうした守りとかの付加価値もきちんと認識すべきだと思います。法務やコンプライアンスなどの守りについて、コストセンターであるという発想自体、直していくべきだと思います。こうした点も、今回の無形資産や人的資本をめぐる一連の改革の中で改善していくことを期待します。

○加藤　三瓶さんに質問があります。人的資本への投資の話と、雇用形態の見直しの話は、どういうリンクがあるのでしょうか。ガイドラインを作成している方は、労働法制と雇用形態や人的資本への投資の話がどういう関係にあると想定しているのかを個人的には知りたいと思っています。

○三瓶　人材版伊藤レポート策定過程での議論では、正直、参加している企業側の方のほうがジョブ型という言葉をよく使われました。私を含

め外資系の投資家からは、ジョブ型という言葉が独り歩きしているのではないかと提起し議論させていただきました。

ジョブ型というと、ある特定のジョブ領域があり、ジョブディスクリプションが明確化されていて、専門的なスキルを磨いていくということなので、所属する企業が変わっても、専門的な領域でどんどんスキルをアップしていくというイメージだと思います。日本ではジョブ型というと、新卒を対象にしていないとか、または、プロフェッショナル・スキルがある人が雇われていくので、その人たちの教育や研修はそんなに手厚くなくて、自分でスキルを獲得して磨いた人たちが生き残っていくというイメージが強調されている印象です。

しかし、ジョブ型の中身は日本人が普通に思うイメージよりもっと広いと思います。たとえば私の前職のフィデリティでは新卒を採用しましたし、新卒を教育して育てていくことに一生懸命でそうしたプログラムに力を入れていましたが、基本的にジョブ型の枠に入っていると思います。

同じ会社に長く勤め、人並みにやっていればまあまあのコースが与えられて残っていけるようなジェネラリストばかりの会社では、世の中全体が右肩上がりではない環境では会社として競争力が劣っていく可能性があります。言い方を変えると、1人の人間のスキルをレーダーチャートで表したときに、これまでの日本企業の人事評価では、複数のスキルが長けており、できるだけ大きな正円に近いレーダーチャートを全員に対して求めていました。海外の競争力がある企業は、1人1人のレーダーチャートをみると、スキルは1つか2つだけ突出しているけれども、へこんでいるところも多いと思います。ただ、そういう人たちが人材のポートフォリオとなったときには、多分、1人1人が正円のレーダーチャートのスキルの人たちが重なり合うよりも、もっと大きな正円を描くということです。また、突出したスキルが互いに異なるから多様性があり、着眼点や発想も違うため刺激にもなり、まったく新しいアイデアが生まれることがある。そういう競争がある中でどうやっていくのかと

いうことなので、ジョブ型という言葉自体が独り歩きし無用な警戒心を
煽るのではまずいのではないかという議論をしながら進めてきました。
○児玉　三瓶さんがおっしゃるとおり、ジョブ型として日本で議論され
ているものとアメリカのジョブディスクリプションのコンセプトは、異
なるものだと私は公言しています。労働法制、労働市場などの環境の違
いを抜きにして、ここだけに特化して議論をするということにはやはり
無理があると思っています。
○神田　大変貴重なご指摘を有り難うございました。

6 取締役・取締役会関連の制度論

1 委員会の権限

■■ 取締役会と委員会との関係

○神田　では次に法律論、制度論の話に移ります。まずは委員会のところからお願いします。

○武井　会社法上の委員会制度の論点を取り上げられればと思います。

　今、取締役会の各種決定権限や監督権限を取締役会決議で一定の取締役で構成される委員会に委譲することは会社法で禁止されています。指名委員会等設置会社だと指名委員会、報酬委員会という法定の例外があるわけですが。そもそもこうした規律・制限が今もってなぜあるのかという素朴な質問です。

　監査役会設置会社の取締役会は代表取締役の権限を縛るために取締役みんなで決めるということになっていて、一部の取締役が決めるとその趣旨に反すると。重要財産委員会なども昔ありましたが、いまいち使われずということだったかと思います。ただ今後取締役会の監督的機能がより高まる中で、取締役会の一部で構成される委員会に権限を委譲することができないのかということが1つです。

　あと、何でもかんでも取締役会で決めるというのもそれでもつのか。

日本の取締役会は毎月開催されていますが、海外の開催頻度はそうでもない。日本の社外取締役は欧米よりも相当忙しい割に報酬が欧米よりも安い状況でして、いろいろな差をどう考えるかという話です。

　他方で、逆方向の話として、指名委員会等設置会社における指名委員会などの硬直性もよく指摘されます。現行の日本の指名委員会等設置会社は、欧米のものとも異なっています。

　なお、本座談会の中でも、神田先生から、サステナビリティ委員会を取締役会の下に置くといっても、別に社外取締役の参画は必須ではないというご指摘もありました（本書16頁）。その点も付言させていただきます。

▓ 歴史をまだ引きずっている

○神田　どうも有り難うございました。日本の場合は令和元年会社法改正で取締役会に社外取締役の設置を義務づけることになったわけですが、歴史を引きずっているように思うのです。

　指名委員会等設置会社についていえば、2002年改正・2003年施行で、当時は委員会等設置会社といっていたのですが、指名委員会、報酬委員会、監査委員会の3委員会を法定の委員会として、過半数を社外取締役とすることを要求したわけです。もう20年前の議論ですが、取締役会自体に過半数社外を要求することは現実的に無理だったので、それとの交換条件で、各委員会は3名以上で過半数は社外ということを要求しました。そのため、取締役会が自由に委員会を設置することはできませんし、かつ、法定の3委員会の権限を取締役会の権限に戻すこともできない。戻すという表現すら使えないというのが歴史を引きずっているところだと思うのです。

▓ 取締役会を法定の指名委員会にして下に任意の指名委員会を置く選択肢

○神田　もう1点、指名委員会等設置会社は非常に使いにくいという意見を伺ったことがあります。なぜなら、指名委員会で将来のCEOのサ

クセッションプランなどを議論するときに、現在の社長や業務執行役員が中に入れなくて、それが非常にネックになっているというのです。

　私はそのときに、法定の指名委員会と任意の指名委員会の両方を置くというアイデアもあるのではないですかという話をしました。そういうことが問題になる会社は、取締役会自体が過半数社外の会社らしいのですが、そういう会社であれば取締役会自体が指名委員会になれるわけです。会社法上は指名委員会の権限というのは、株主総会に提案する取締役の候補者を決めるだけです。それ以上のCEOのサクセッションプランなどをやって悪いわけではないですが、任意の指名委員会をまた別に置いてもいいし、任意の指名委員会は過半数社外である必要はないわけです。それをどう評価するかというのは取締役会次第です。その取締役会自体が過半数社外なら全然問題ないので、ある意味、武井さん的にいえば、取締役会から委譲を受けた任意の指名委員会でCEOのサクセッションプランを練ってもらい、それを取締役会にまた持ってきて議論してもいいし、そこに最終案の提示までを委ねることも可能なのではないかということです。

○児玉　私がお話ししようと思ったことの大半は、神田先生が最後におっしゃった指名委員会のところなのですが、特にCEOのサクセッションプランについてです。

　海外の大企業のゼネラルカウンセルに、指名委員会があるため次のCEOのプランは取締役会や執行側ではあまりコントロールがとれないのだという話をすると、そんなことはあり得ないだろうと、彼らは椅子から転げ落ちるぐらいびっくりするのです。

　そもそもボード自体がすでに過半数社外でありながら、なぜそういうことをするのか、彼らからすると不思議に思うのです。ですが、神田先生からご指摘いただいたとおり、建付けとして指名委員会が決めるというふうになってしまっている現実があります。

　取締役会と各種委員会というのは、端的にいうと取締役会自体の構成員として社外取締役がどれぐらい多いかということでかなり機動的に動

かしてよい部分だと思います。

▓ 日本独自の「監査」概念の問題点

○児玉　一方で、本来あるべき取締役会の形として、基本的にはまず会社の方針を決定し、重大な案件を決定し、なおかつ執行を監督するという3つの側面を考えたときに、監督さらにはどういうわけか監査までもが強調されすぎている取締役会が多いというのが日本の実情だと感じています。取締役会を機動的にやれるかということと、そうはいいながら監督の責任というのは取締役も怖いということとのせめぎ合いについて考えてもよい時期に来たのかなという気はしています。

○神田　児玉さんのご発言の2点目について、やはり歴史を引きずっているといわざるを得なくて、監督の中にあまり業務監査を入れてはいけないですよね。アメリカなどでは業務監査はいわゆる二線なのですが、日本は監査役制度でやってきていますので、監査役をなくして指名委員会等設置会社なり監査等委員会設置会社に移っても、いわば四線というか、ボードないし委員会で監督だけでなく監査もせよということになっているのです。これがグローバルプラクティスとの大きな差を生んでしまっています。

▓ 任意の委員会のあり方

○加藤　委員会が商法に出てきたのは平成14年改正がはじめてではないかと思います。その時は、取締役会には社外取締役は2人しかいない場合であっても、社外取締役による監督を機能させるためにはどうすればよいかという発想で委員会を作らせて、その委員会の権限を最終的な権限にしたという工夫がされたと理解しています。指名委員会等設置会社における委員会の位置づけを機能的に考えると、結局、取締役会が何らかの職責を果たす際に、委員会という形をとったほうがむしろ取締役会の機能を発揮できる場合があるということになると思います。このような観点からは、任意の委員会も取締役会がその役割をより迅速かつ効

的に果たすための手段として位置づけられるので、積極的に利用されてもよいのではないかと個人的には考えています。結局は、なぜ取締役会本体ではなくて委員会に検討または判断させることが適切と考えたのかということと、どういった構成員に何をやってもらうかということを透明性がある形で投資家に示すことが重要ということになります。

　任意の委員会の話を伺うたびに思い出すのは、経済産業省の「公正なM&Aの在り方に関する指針」の検討作業です。その中で、特別委員会の決定を取締役会が覆すことができるという整理にならざるを得なかったのですが、特別委員会の機能を損なう可能性があり、制度改正の必要性があると思いました。平成14年改正によって取締役会の機能を発揮させるための手段としての委員会が法的に是認されているので、同じことが任意の委員会にも認められてもいいのではないかと考えています。

○三瓶　まず、先ほど児玉さんがおっしゃった、機動的にそれぞれの取締役会の構成等に合わせて作ればよいではないかということは、発想としては私もそうだと思います。ただ、現実的に3つの機関設計があり、企業によっては法定の範囲でさらに柔軟に運用することがあると、非常にわかりにくくなってしまうと思います。おそらく平均的な機関投資家は、任意の委員会と法定の委員会の区別、法定の委員会の権限について必ずしも十分に理解していないと思います。これが海外の投資家になるとますます困惑する可能性があります。たとえば、指名委員会等設置会社は、よく英語でUSスタイルボードと伝えたりしますが、本当のUSスタイルでもないし、委員会の権限も違い、わかるようで実はわかりにくいというのが現状だと思います。

　サステナビリティ委員会など任意の委員会が増えてくる傾向がありますが、任意の委員会に決定権はないとしても重要なことを提案するものであるなら、どういうプロセスでその結論に至ったかがわかるような議事録が残されるべきだと思いますが、そこは保証されていません。何かあったときに閲覧請求権を行使して確認しようとしても、それが取締役会にどのように提案されたかぐらいしかわからないというのが私の引っ

かかっているところです。

　任意の委員会でも、会社の説明ではよく社外役員が過半数ですというアピールをされるのですが、社外監査役が入っていて社外比率が過半数というのは私としてはあまり腹落ちしません。というのは、ある会社で、社外役員が過半数、社内役員は代表取締役3名で構成される任意の委員会での結論を取締役会に答申したが、取締役会は社外取締役が過半数ではなかったのでそれがひっくり返ったのです。そういうことが起こってしまうと何のための委員会かわかりません。委員会は答申するだけということだとすると、かなり形式的だと思います。

　専門的な委員会を設置することは、社外比率を高くすることができ客観性と透明性の観点から1つのメリットを持っていると思うのですが、ただ、何でもかんでも社外取締役がかかわっていればよいというのは本来は違うのではないかと思います。社内の取締役でも取締役というからには、その方は利益相反についての監督をしなければいけないので、それが社内出身で執行役兼務だから無理だということだとすると、取締役の資格がないのではないかと思います。約20年前にロンドンで合弁の運用会社のCEOをしていた時、法定のカンパニー・セクレタリーに「取締役A氏はEDかNEDか」と聞かれ不勉強で即答できないことがありました。英国では、社内・社外の区別だけでなく、業務執行取締役か非業務執行取締役かの区別がまず重要だということを実感しました。何でもかんでも委員会を作って社外取締役を過半数にすればよいでしょうという形式的な方向はあまり腹落ちしていません。

○武井　委員会の話は神田先生がおっしゃったようにいろいろな歴史的経緯があり、20年、30年経つとそれが所与のものになってしまいがちですが、根本に遡ると、これはなぜだろうという論点が結構あります。

　あと、一部の取締役で構成されるという部分は、別にその中に社外取締役が常にいないといけないという話ではなくて、委員会によっては社内取締役だけでもよい場合もあり得ると思います。三瓶さんがおっしゃった、社内取締役も仕事をしないのなら取締役の資格はないという

話で、社内取締役としてきちんと仕事をしてもらわなければいけないわけですから、社内取締役だけでも委譲があり得るのではないかと思っています。

■■ 委員会制度に関する日米の制度の差異

○武井　神田先生に質問なのですが、アメリカではある程度自由にできるというのは、どのような歴史的経緯があって日本とずれてしまったのでしょうか。

○神田　歴史的にいえば、アメリカの場合は州会社法と連邦会社法なり取引所の規則との権限分配があり、社外取締役の設置を要求するのは取引所の規則であったり連邦会社法（連邦証券法）であるわけです。日本は2002年のときにそこをセットにしたから先ほどいったように難しいことになったのですよね。アメリカはそこをセットにしていないので、州会社法のほうはデラウエア州の会社法の条文を読めば、「取締役会は自らの判断において1つまたは2つ以上の委員会を設置し、そこに権限を委譲することができる」という1文があるだけなのです（同法141条(c)）。これに従って、権限を委譲してしまえば、決定権も与えることができます（昔の記述として、Ernest L. Folk, III, The Delaware General Corporation Law 62-63 (Little, Brown, 1972)）。もちろん決定権を留保することもできます。ですから、州会社法は柔軟にできているのですが、それは社会全体の仕組みとしてみると、他方において取引所の規則や連邦会社法（連邦証券法）が社外取締役を法律あるいは取引所の規則として要求していることとのバランスで成り立っていると思います。

> ［後注］　2022年7月19日に公表された経済産業省CGSガイドラインの改訂版とともに公表された「CGS研究会（第3期）における『今後の検討課題』」（https://www.meti.go.jp/policy/economy/keiei_innovation/keizai housei/pdf/cgs/agenda2022.pdf）においては、「現行の指名委員会等設置会社制度は、取締役会において社外取締役を過半数確保することが難しい時代にできたものであり、委員会における決定を取締役会が覆すことはできない。指名委員会等設置会社の多くで社外取締役が過半数を占めている

近年の状況を踏まえれば、欧米同様、取締役会に指名・報酬の最終的な決定権限を委ねることを検討してもよいのではないか」と言及されている。

2 業務執行役員の責任限定契約の解禁

■ 業務執行役員と責任限定契約

○神田　次は、業務執行役員の責任限定契約の解禁です。

○武井　この話と次の会社法429条の話（後記3）は、令和元年会社法改正で会社補償制度を入れたところからの積み残しというか、議論が先送りになった論点といえます。

　責任減免制度が入ったのが平成13年なのでそろそろ20年あまり経ちますけれども、業務執行役員の責任限定契約がなぜ解禁されていないのかという論点です。

　いろいろな形で取締役の義務が複雑化している中で、学会でも、業務執行役員に責任限定契約を認めないというのが本当によいのかという議論が出てきています。①業務執行者についても経営判断の萎縮防止や人材確保（外国人経営者の任用など）は問題となり、業務執行者に責任限定契約の締結を認めても、法律で免責要件や免責金額を適切に定めることにより、適切な水準の抑止効果を維持することは可能である。アメリカ法律家協会のガバナンス原理も、officer を責任制限の対象としている、②責任限定契約の対象となる責任を会社法423条1項に基づく責任以外に広げることも検討すべきであるなどの京都大学の髙橋陽一先生のご指摘が1つあります（髙橋陽一「会社補償および役員等賠償責任保険（D&O保険）」別冊・商事法務454号（2020））。また、よりマクロ的なご指摘としては、「株式会社は株主有限責任を前提に資本の集積・集中を可能とする仕組みであるから、一個人では到底負担できないほどの資産規模・取引規模が実現する。しかるに、そうして形成された企業の資産規模に対応する巨額の損害額をそのまま取締役個人の会社に対する責任として肯

定することを怪しまないことはいかにも不思議なことである。本来法人ないし会社として負担することが当然であるはずの民事責任を個人に転嫁して平然としている感覚は人権侵害でもあり厳しく批判されるべきである。一個人で責任を負える範囲には限界がある」などの上村達男先生からのご指摘があります（上村達男『会社法は誰のためにあるか』（岩波書店、2021）160頁〜163頁）。日本の裁判例で、たまに大和銀行事件のようなものもありましたが、どんどんグローバル化して海外の裁判所でいろいろな事件が係属することもあり得る中で、本当に日本に責任限定制度がなくてよいのですかという論点です。

　なお本座談会全体を通じてですが、いろいろなご指摘について私のほうでご紹介させていただいている箇所については、より正確なところ等について、原典のほうを何卒ご覧になっていただけましたらと思います。宜しくお願いいたします。

■ 法人向けの制裁金が代表訴訟で役員の個人負担となる矛盾

○武井　あと、少し角度が違うものとして、制裁論の観点からの佐伯先生のご指摘です。有名な論点ですが、「法人がその違反行為を理由に罰金（制裁金や課徴金を含む）を課された場合にも、その最終負担者は法人自身であるべきであって、これを取締役等の自然人に転嫁することは認めるべきではない。特に、法人に対する罰金は、法人の資力を考慮して自然人に対するものよりも著しく多額に設定されることが多いが、そのような罰金を法人と同様の資力を有しない自然人に負担させることは、制度の趣旨に反するだけでなく、公正の観点からも不当である。……この問題について判断を行った2つの株主代表訴訟の判決〔大和銀行事件等〕は、法人の支払った罰金額を損害とする賠償責任を取締役に対して認めているが、罰金の特殊性に対する考慮が全く見られず、不当である」と指摘されています（佐伯仁志『制裁論』（有斐閣、2009））。

　以上、少し違う角度から話をしましたけれども、なぜ代表取締役を含

めた業務執行役員に責任限定契約がまだ解禁されていないのかということに関して、正面から議論できればということです。

○神田　どうも有り難うございました。順序は逆になりますけれども、法人に罰金や課徴金が課された場合にそれを個人に転嫁できるというのは本来変な話なのですが、これが認められてきているというのは謎といえば謎ですよね。特に明文の規定があるわけではないのですけれども。

　もう1つの問題のほうですが、2001年にあった3回の商法改正のうちの12月の改正で取締役の責任の一部免除と呼ばれている制度を作ったときに、責任限定契約という形での責任の一部免除は非業務執行役員に限定して認めるということになり、今もその線は維持されています。重過失の場合は適用されないので、軽過失の場合の免責なのですけれども、業務執行取締役については認められていないということになっていて、これも理屈の上では謎といえば謎です。アメリカでは1986年のデラウェア州会社法の改正で、取締役については定款に規定すれば軽過失免責が認められることになり、それが現在の姿です。立法論としては賛否両論あると思うのですが、日本は非業務執行役員についてだけそれを定款プラス事前の契約によって認め、業務執行役員については認められないというのは歴史を引きずっているといえると思います。

■■　業務執行役員にも責任限定契約を認めるべきではないか

○児玉　この点はもう法改正すべきであり、議論の余地がないのではないかとさえ思っています。実務ではたとえばD&O（Directors & Officers）保険でやり取りしていますからとおっしゃる方もいますが、保険でカバーできる範囲には上限額があるので、少なくともグローバル企業の規模で考えたときには、とてもではないけれどもカバーしきれていません。やはりグローバルスタンダードに変えていただいたほうが企業、とりわけグローバルな人材を考慮する企業としては動きやすいと思っています。

○加藤　責任限定契約の制度趣旨として人材確保が挙げられることが多

いと思うのですが、それを突き詰めていくと、業務執行役員になぜ妥当しないのかとなるのは当然のことです。ただ、この問題を検討するときには、取締役の損害賠償責任に関する制度全体と、実際にどういった場合に損害賠償責任が認められているのかということを考える必要があると思います。日本で実際に損害賠償責任が認められている典型例は、法令違反行為に取締役が何らかの形で関与したことが義務違反とされ、それに対してたとえば課徴金や罰金などが取締役に転嫁されてしまうというものです。

　もちろん私も上村先生や佐伯先生がおっしゃるように、そもそも法人を対象とする額の罰金や課徴金をそのまま取締役に転嫁することの妥当性に疑問を持っています。しかし、会社法違反を含む違法行為を抑止するという観点から、これまでの日本の実務の中では、法令違反行為については取締役の損害賠償責任を通じて取締役自身も責任を負うということが現に存在しているわけです。そうすると、実際に損害賠償責任が認められてきた類型に対して、業務執行役員の責任限定契約がどういう影響を及ぼすのか、全体として違法行為抑止のレベルがどう変化するのかということに注意を払う必要があります。ただ、グローバルに競争する企業を念頭に置くと、やはり業務執行役員について責任限定契約という形でのツールがないのは問題であるという意見には共感します。

　ところで、取締役の注意義務違反に基づく会社および株主に対する損害賠償責任の定款による免除を認めるデラウエア州一般事業会社法102条(b)(7)は、director としての責任のみを対象とし、officer としての責任には適用がありません。その結果、企業買収の際の開示義務違反を根拠として株主が director と officer の双方の責任を追及する訴訟等において、前者としての責任を追及する訴訟は責任免除の定款規定により早期に終了するが、後者としての責任を追及する訴訟は継続してしまうことがあるようです。同様の事態は director と officer の双方の地位を兼ねる人物の損害賠償責任が追及される場合にも生じ得ます。2022年4月12日に同法の改正案が提案されていますが、その中には officer としての

責任も定款による免除が可能であるとの規定の追加が含まれているようです。改正の経緯や改正案の詳細な検討はできていないのですが、director としての責任の免除と異なり、officer としての責任の免除は株主に対する責任の免除についてのみ許される等、両者の間にはいくつかの差異があります。責任限定契約の対象を業務執行役員に拡大することを検討する際の参考になるかもしれません。

■ 攻めのガバナンスのためにも重要な制度論である

○三瓶　責任限定契約については投資家の間で議論したことはおそらくないのですけれども、会社法改正に際して、会社補償や D&O 保険について議論したことがあります。厳しい投資家の中にはとにかくそんな逃げ道を残してはいけないという人もいます。ただ、そういう人たちは、私の感覚では少数派だと思います。むしろ大多数の人は、そういうことにあまりとらわれすぎてほしくない、もっとリスクをとって果断な意思決定をしてほしいと思っています。

　機関投資家自身、自分たちの投資判断が成功する確率は長期間で6割を超えればよいほうであることを認識しており、そうした中で投資先の企業があまり萎縮してしまっては元も子もないので、完璧を目指して何もしないよりは、きちんと議論し、調査して、勝算ありと判断したものについては、リスクテイクして行動してほしいと思います。決断した理由がしっかりとあるのであれば、結果として未達や損失があったとしても、むしろ投資家としては次はどうするのかや、そこで何を学んだのかということへの関心のほうが高いように思います。

○武井　この論点も20年前の常識（？）に引きずられている面があって、あまり議論が深まっていないのが不思議だなという気がします。

　三瓶さんがおっしゃったとおり、グローバル競争がこれだけ激しい中での日本企業の攻めのガバナンスという観点から、しかも重過失の場合は対象外であるということから考えると、責任限定契約はおよそ認めないとそこまで厳しいことをいう必要があるのかと思います。

昨今、サクセッションプランや指名委員会などで経営者の方を選ぶ流れがありますが、経営者の方は相当重たい重責です。経営者になる人材、人的資本をもっと大切にしなければいけないのではないかと感じています。20世紀の頃の、社長になりたい人が社長をやっていたような感覚での法制度ではなく、経営者人材という重要な人的資本に対してもっとリスペクトがあってしかるべきではないかと感じている次第です。

○神田　どうも有り難うございました。これは立法論になりますし、いろいろな角度から議論しなければいけない重要なテーマではないかと思います。

　　［後注］　2022年７月19日に公表された経済産業省 CGS ガイドラインの改訂版とともに公表された「CGS 研究会（第３期）における『今後の検討課題』」（https://www.meti.go.jp/policy/economy/keiei_innovation/keizai housei/pdf/cgs/agenda2022.pdf）においては、「現行の会社法上、業務執行取締役等である取締役は、責任限定契約の対象から除かれているが、今後、責任限定契約の対象の拡大や、より広く、訴訟委員会制度等を含めた責任追及の在り方について、検討する必要はないか」と言及されている。

3　会社法429条の見直し

■　会社法429条に対する批判論

○神田　次は、会社法429条です。

○武井　429条というのは、会社の外のいろいろな人から、誰からでも役員に責任追及の矢が飛んでくるという、構造的に結構怖い条文です。昭和44年の有名な最高裁判決があり、その前後に議論が結構盛り上がって、その後、最高裁判決を所与にいろいろなことが起きています。ただ、429条は本当に必要なのかという素朴なことをあらためて考えたいという点です。

　東京大学の田中亘先生は429条１項について、その存在意義ないし必要性について根本的な疑問がある。直接損害については、第三者は不法

行為責任を追及すればよいから、429条1項は必要ない。役員等の行為が第三者に対する不法行為に当たらない場合には、会社に対する任務を懈怠したからといってなぜ第三者に対してまで責任を負わなければならないのか、不明である。間接損害については、役員等は会社に対して任務懈怠責任を負っているのであるから、第三者は債権者代位権（民法423条）により、民法423条の要件を満たす限度で取締役個人への損害賠償を請求すれば足り、429条1項による直接請求権を認める必要はないとされています（田中亘『会社法〔第3版〕』（東京大学出版会、2021））。髙橋陽一先生は、429条の立法趣旨が不明確であることや、比較法的にも非常に珍しい規定であることから、立法論的にも不要であると考えることに相当の説得力がある。間接損害事例で債権者に直接の損害賠償請求権を認めると、会社が無資力の場合、個々の債権者が役員等に対して直接の損害賠償を請求することになるため、民法や倒産法が確保している、債権者間の平等が害されることになると指摘されています（田中亘ほか編『論究会社法』（有斐閣、2020）157頁以下参照）。

　昭和の時代は倒産した中小企業とかで名ばかり役員の方とかに一定の金銭を負担させる形などで使われていましたが、最近は普通の会社でも内部統制的な文脈で役員の責任追及に使われています。重過失という条文ですがあまり重過失に限定されていないのではないかという指摘もあります。いろいろな意味で429条が便利に使われていますが、グローバルにみてあまり諸外国でみない珍しい条文でもあると。そこで本当にこれは合理的な条文なのかということを21世紀の今の段階で考えるべきではないかという点です。学会でも議論が出始めていますので、問題提起させていただきます。

○神田　この条文も昔からよくわからないといわれていて、研究もあるわけですけれども、中小企業が事実上倒産した場合は別として、この条文がないと何か変わるのかちょっと難しいところがあります。原告側は不法行為とこの条文を並べて主張するのが当たり前のようになっているので、どちらを適用するのかということが余計に問題を難しくしている

面もあるように思います。

　児玉さん、429条というのは企業では意識されるのですか。

○児玉　神田先生が最後におっしゃったように、結局原告の請求原因には必ずこれが列挙される傾向にあります。率直に申し上げて、実務的には、429条を特別に意識するというようなことはまずありませんが、ここもグローバルスタンダードに変えたほうが企業としてはやりやすいと思います。

■ ガバナンス改革とサステナビリティのグローバル化を踏まえて再検討すべき

○加藤　神田先生がおっしゃったところと関連するのですが、最近、会社に対して不法行為責任を追及する被害者が、不法行為と会社法429条を根拠として取締役も訴えるという類型が増えている印象を持っています。

　民法709条は非常に訴えを提起しやすく、解釈によって柔軟にいろいろな立論をする余地があるので、認められるかどうかはさておき、訴訟は起こされてしまうという話なのだと思います。会社法429条のほうは会社に対する義務違反を根拠として訴訟を提起できます。児玉さんのお話ではあまり影響がないということなのかもしれませんが。

　ただ、よく会社法429条の義務違反の根拠とされるのは監督義務違反、内部統制システムの構築義務違反などであり、たとえばサステナビリティデューデリジェンスやサプライチェーンマネジメントなどで内部統制の対象範囲が広がってくると、それについて何か問題があった場合には、同条の義務違反があるとして責任を追及しようとする人の範囲が広がってくる懸念はもしかしたらあるのかもしれません。

○三瓶　旧来の業務執行取締役が大前提で、自分の担当領域があって、監督も自分で行っているという形のボードでは、お互いにそれぞれの担当領域については突っ込まないという暗黙の了解があっただろうと思います。そうすると、疑義や責任が生じていても多少であれば隠せるのか

もしれません。そのため、いざというときに取締役にできるだけ重い責任を追及できるような形にしていたのではないかと勝手に想像します。

ただ、今は社外役員の方が複数選任されるようになってきて、取締役会全体で監督をする体制が浸透してきている中で、役員1人1人に対して厳しく責任を追及する旧来の規律を残したままでは、むしろすごく仕事がしにくいということにならないかと心配します。

○武井　ご指摘のとおりで、昨今のガバナンス改革や、サステナビリティに関するグローバル化の流れの中での環境変化を踏まえて、議論すべき事項だと思います。昭和の時代から経営機構の前提や経営環境自体が大きく変わってきていますので。

○神田　立法論として廃止論があるとは思うのですが、このまま残したとしても、どう解釈・運用するかということも非常に重要な話かと思いました。

○武井　そうですね、神田先生がおっしゃるとおりだと思います。会社法429条の解釈や運用を行う際にも、この条文の意義や危険性なども踏まえて行われる必要があるかと思います。

ちなみに他の国は不法行為でハンドリングすればよい話なのですが、不法行為責任を超えた会社法429条のような条文は日本の特殊な条文だと思います。そういう理解でよいのでしょうか。

間接損害についてはそれこそ順序が解釈上ありますが、直接損害についてはリスクが残っています。なので、実際にグローバルにありとあらゆる第三者がいる中で、株主だけではなく誰からでも訴えられてしまうことの萎縮効果は懸念すべきではないかと思いますが。

○神田　昔に成蹊大学の佐藤先生による1冊の研究（佐藤庸『取締役責任論』（東京大学出版会、1972））があるのですが、429条のような規定は、あまり主要国には見当たりません。その当時は、間接損害に限定する見解もあれば、逆に直接損害に条文の適用範囲を限定する見解も出てきて、それで昭和40年代の学説は推移したのですが、最高裁の大法廷判決（最判昭和44年11月26日民集23巻11号2150頁）で両損害包含説ということで決

着がついたわけです。私が学生時代に自分の先生から習ったのは、この条文は深く考えすぎると間違えるから（笑）、厳密に考えないで、大ざっぱにこういうものだと考えて運用するのがこの条文だということでした。

○武井　なるほど（笑）。重過失の意味について場合によっては相当広くとらえられているようにみえるときもありますところ、特にサステナビリティに伴っていろいろなグローバルな活動とステークホルダーが広がっていますので、429条の解釈も含めてもう1回いろいろな議論を再燃させたほうがよいのかなという気はします。

○神田　それは本当におっしゃるとおりだと思います。立法論としてぜひ議論の俎上に載せるべきテーマの1つだと思います。

4　ボード3.0をめぐる議論

○神田　次は、ボード3.0についてです。

○武井　この論点も新しくてかつ大きな話で、次の直接民主制パートに行く、1つのつなぎの論点になろうかと思います。

　最近、ボード3.0という言葉が出てきています。指している内容は論者によって多義的なのですが、いろいろな角度からの議論が出てきています。

　2022年5月に開催された第5回CGS研究会の資料4では、以下のように述べられています（2.6.5 資本市場を意識した経営を助言・監督できる取締役の選任）。「米国では、モニタリングボードの課題（取締役会が得られる情報の不足等）が指摘され、これを克服するため、PEファンドの事業モデルに着目し、投資のプロを取締役に選任すること等により経営陣による戦略の策定・遂行を効果的に監督する仕組み（Board3.0）が提案されている（Ronald J. Gilson & Jeffrey N. Gordon, *Board 3.0: What the Private-Equity Governance Model Can Offer Public Companies, Journal of Applied Corporate Finance,* Summer 2020）。他方で、このような提案については、導入が容易ではないことや、効果に疑問があることを指摘する

意見も存在している。本ガイドラインでは、このような米国での議論も参照しつつ、我が国の法制度や経済社会環境を踏まえ、取締役会がモニタリングに特化してこなかった日本において、どのように考えるかという観点から整理を行うものである」、「経営資源の効率的配分を重視する方向に経営を変えていく観点等から、資本市場を意識した経営を助言・監督できる者を社外取締役（もしくは社内取締役）として選任することも有益である」、これらを「実現するために社外取締役を選任する場合、『特定の株主と無関係な』者を取締役として選任することが基本となり、具体的には、社外取締役候補者としては、他社で戦略的な CFO 業務を経験した者、アセットマネージャーやアセットオーナーの経験者、その業種に詳しいアナリスト等が人物像として想定される」、「さらに進んで、実際の事例では、取締役会が経営陣による戦略の策定・遂行を監督する仕組みの強化や、経営改革の推進を図ること等を目的に、『特定の株主と関係のある者』、特に、『投資家株主の関係者』を取締役として選任することもある。このような場合、通常のエンゲージメントと比べ投資家株主の視点が取締役会の議論に反映されやすく経営陣の判断にも大きく影響することや、（絞り込んで投資しており、リソースも投入しているために）当該取締役の企業価値向上へのインセンティブが高いことなどに着目して選任しているものと考えられる」、「投資家株主の関係者を取締役として選任することについては、利益相反、情報管理、独立性・社外性、開示の問題など、留意点も多い」。

　　［後注］　2022年 7 月19日に経済産業省 CGS ガイドライン（改訂版）「別紙
　　3　投資家株主から取締役を選任する際の視点」が公表されているので、
　　最終版はそちらを参照していただきたい。（https://www.meti.go.jp/poli
　　cy/economy/keiei_innovation/keizaihousei/pdf/cgs/guideline2022.pdf）。

　関連する論点について、三瓶さんは商事法務2282号の座談会で以下のようにご発言されています。「投資家の目線を取締役会に入れるのだということで、ファンド関係者を取締役会に送り込むことにははなはだしい利益相反があると思います。というのも、投資家の目線といっても

投資のタイムホライズンが違えば結論がまったく違うからです。短期なのか長期なのかで売り買いの方向は真逆になり得ます。ですから、投資家だから同じ考えを持っているということはまったくないです。そして、彼らはインサイダー情報にも触れます。法的には、インサイダー情報がない期間というウィンドウがあって株式の売買が可能ですが、やはり情報の非対称性は生まれると思いますのでファンド関係者を取締役会に送り込むことについては反対しています。アクティビストも利己的な部分を隠しながら提案するように、だんだんうまくなっていますが、かなり短期的視点に根差す提案もあるので、長期でみたときに本当に大丈夫かということを丁寧にみる必要があると思います」。成城大学の山田剛志先生は、ヘッジファンドと発行会社との私的和解に関連してアメリカでの状況についてご指摘をされています（山田剛志「上場企業と株主・投資家との対話の実態と規制への法的視座(3)」商事法務2270号（2021）86頁など）。

　日本では、投資家がボードに参加することで企業改革に成功したとされる事例も新聞等で紹介されています。また、投資家から派遣された取締役の法的義務や透明性について論じる法的議論もいくつか出てきています。

　ボード3.0について、いろいろな角度からいろいろな議論が出てきており、またボード3.0の意味するところについて多義的できちんと整理する必要があるのだろうと思いますが、以上となります。

○神田　どうも有り難うございました。ボード3.0は、アメリカで出てきた議論だと理解していますけれども、前提が２つあると思います。１つはその前のバージョンであるボード2.0です。1970年代の終わりからの数十年間のアメリカの歴史における独立社外取締役というのは、私の言葉でいうと、役に立たない人がやるものだというのがポイントです。役に立たないという意味は、時間がない、情報がない、手足がないということです。その代わり、とにかく独立しているということで強いCEOとのバランスをとってアメリカはやってきたわけです。

　もう１つは、アメリカの取締役会というのは、1980年代は１年間に平

均で4回、今は6回ぐらいになっていると思うのですが、日本は十数回やっています。回数だけではなくて時間や内容が問題ではあるのですが、そういう状況の中で、プライベートエクイティファンドの成功例を参考としてボード3.0という考え方があってよいのではないかというのがアメリカでの話です。その上で、武井さんからご紹介があったようなアクティビストファンドとの和解交渉の場面でも時に目立つようになってきているということではないかと思います。

■ プライベートエクイティ型との違い

○三瓶　私の意見は先ほど武井先生に紹介していただいたとおりです。私はボード3.0というのが日本で妙に話題になっていると違和感を抱いています。ボード3.0に関するアメリカのギルソン教授とゴードン教授の論文にはいろいろな興味深いキーワードが入っています。

　まずはプライベートエクイティ型との説明です。プライベートエクイティがハンズオンで経営にかかわるのは完全な支配株主か共同支配株主ですから当然と理解できますが、上場企業の場合は多くの少数株主が存在し特定の株主との利益相反の問題がありプライベートエクイティ型の利点だけでは説明がつかないと思います。根本から違うことを一緒にしてしまってよいのかという問題点があります。

■ リレーショナルインベスターは誰でもできることではない

○三瓶　それから、プライベートエクイティ型として経営参加する投資家のモデルとしてリレーショナルインベスターという表現があります。私は2000年から数年間ロンドンで勤務していた時に、実際にアメリカのリレーショナルインベスターという、イギリス型のスチュワードシップ責任やエンゲージメント活動のようなことを重視してアクティブ・オーナーシップを実践している人たちと接点がありいろいろ意見交換しましたが、投資家の誰もができるようなことではないのです。彼らの話では、

自分たちの提案や、自分たちが経営に対して本格的に関与するときの企業価値向上策が、少数株主の多くが期待していることと一致しているかどうかがとても重要だということです。

　自分たちのためだけになってしまうと、多くの別の株主から反対される、または彼らとの利益相反が生じるため、そこは非常に重要な点だと彼らは当時いっていたのです。しかし、先ほどの2人の教授のボード3.0についての論文ではそういったことがちょっと抜けているかなと思います。

　特徴的なキーワードが出てくるのですが、1つ1つのキーワードの重要な意味合いや、純投資の株主であるはずが取締役としてインサイダーになり経営に関与するという点について、正しい共通理解を持ちつつ日本で議論しているのかというとそうでもなさそうなので、心配なところが多いです。

■ 海外での議論と透明性の重要性

○加藤　三瓶さんがおっしゃるように、アクティビストが会社の経営に介入してくることの是非については非常に多くの研究がありますが、肯定的な見解も有力です。理論的な根拠としては、アクティビストは多くても10％ぐらいしか株式を保有していないのであるから他の機関投資家の同意を得なければ目的を達成することはできないこと等が挙げられています。つまり、他の多くの投資家から同意を得られないようなことはできないという意味では他の株主との利害関係が共通している部分があるので、アクティビストについては最初から否定的なものとして考える必要はないということです。このように考えると、アクティビストがボードに入ってくることによって、アクティビストの活動の中で株主全体の利益に貢献するかを他の機関投資家が選別するという仕組みがうまく機能しなくなり、アクティビストの活動がブラックボックス化してしまうことが懸念されます。

　取締役を派遣するアクティビストもアクティビストから派遣されてい

る取締役も、他の取締役や株主と比較すると、特殊な立場にあることが認識されるべきだと思います。派遣された取締役が一体どういったインセンティブで動いているかということが、少なくとも他の投資家にわかるような形になっていることが必要ではないかと個人的には思います。

　すでに同様のご意見が出されていましたが、ボード3.0は、プライベートエクイティの仕組みを普通の上場会社に応用したものということまでは理解しているのですが、それがすべての上場会社に当てはまるわけではないと思います。結局、プライベートエクイティの実務から示唆を得たものであれば、それが望ましい範囲にも共通点があると思います。ですから、ボード2.0の発展形態としてボード3.0を位置づけるべきではなく、1つの選択肢であることを意識する必要があると思います。

■ 機関投資家側のリアクション

○神田　三瓶さん、たとえばアクティビストが取締役を派遣しようとしたときに、総会の決議では一般の機関投資家は賛成するものなのですか。それともケース・バイ・ケースでしょうか。

○三瓶　ケース・バイ・ケースで判断していると思いますが、結果的に賛成することが多い印象です。前職では、純投資の株主が取締役としてインサイダーになることについての利益相反問題を重視し一貫して反対していました。アクティビストファンドとして株主であって、なおかつ派遣する取締役と関係があるということはどう考えても利益相反があるという考えに基づいています。念のため、アクティビストという属性だから反対するということではありません。

　たとえば、取締役を派遣したアクティビストが何らかの方策を選任された取締役を通じて取締役会で提案し、それが取締役会決議を経て公表されることによって提案した方策はインサイダー情報ではなくなります。公表のアナウンスメント効果によって株価が上昇した後、アクティビストは売却することができますが、一般株主にはいつ売却したか、なぜ売却したかもわからない。また、アクティビストが派遣した取締役経由で

提案した方策が実現するのは何年も先のことかもしれません。方策達成の蓋然性は不確かだとしても、取締役会のインサイダーとしてアクティビストが派遣した取締役が進捗をモニターしてくれるので達成に期待が持てると市場は受け取るかもしれません。実際、前職でも第一声としては多くの運用担当者は賛成の意向を示していました。そこで私は次のように説明して説得しました。

　一般株主がアクティビストから提案された取締役の選任を応援して賛成票を入れる、そして会社から何か積極策が発表されたら市場はそれを好感して、みんなよくわからないのだけど応援している。しかし、アクティビストはいつの間にか株主ではなくなって、数年後本質的な改革はできていなかったということで株価が下がるかもしれない。改革ができているのか、できていないのかもわからない。そういう情報の非対称性があるのに応援するのは Fiduciary Duty に適っていないのではないか。徹底した独自の調査分析によって conviction・確信度を高め投資を実行する運用哲学と同様に、議決権行使も明確な根拠をもって判断するなら説明責任を果たせるが、「誰かがきっとやってくれることに賭ける」のでは結果責任も説明責任も果たせない。このように説明した結果、皆納得しました。

　ただ、今のところ日本では、口うるさい株主が投資家側からボードに入ってくれたのだから、きっと何かしてくれるだろうという期待があって比較的賛成するケースが多い印象です。

○神田　有り難うございます。大変貴重な、重要な点だと思いました。

7 機関投資家側の形式主義化の課題

▓ 議決権行使現場での課題

○神田　ここまでは本座談会の最初のパートであるガバナンスの最新トピックとボード改革について取り上げてきました。最初のパートについては冒頭で武井さんが間接民主制パートとたとえられましたが、ここからは2つ目のパートとして、直接民主制パート、株主が何をどこまで行うべきかに入りたいと思います。

○武井　直接民主制パートの最初が機関投資家側の形式主義化に関する指摘です。

　スチュワードシップ・コードについてどのくらい機関投資家側に制度趣旨が浸透しているのか、機関投資家側の形式主義化は是正されているのかという問題提起がなされています。経済産業省の2020年8月の報告書では、「①日本市場の投資家は、パッシブ投資家と短期のアクティブ投資家に偏っており、とりわけ中長期的な企業価値向上に関心のあるアクティブ投資家が不足している、②パッシブ運用が拡大しているところ、パッシブ投資家は、その性質上、投資判断や運用に係るコストを極小化していくことをより重視していると考えられる上、一定の市場全体を投資対象としており、個社の深い分析を行うことが必ずしも容易でないと考えられるため、パッシブ投資家が個別企業と対話を行うことや対話を通じた企業との価値協創に寄与していくことに関しては、構造上困難な

面もある」などの指摘がなされています（経済産業省「サステナブルな企業価値創造に向けた対話の実質化検討会中間とりまとめ～サステナビリティ・トランスフォーメーション（SX）の実現に向けて～」(2020年8月28日)）。またこうした指摘は、2014年の伊藤レポートのときからあまり変わっていないようにも思います。

　［後注］　伊藤レポートについては2022年8月に改訂版（伊藤レポート3.0）が公表されている（https://www.meti.go.jp/press/2022/08/20220831004/20220831004-a.pdf）。

　三瓶さんは商事法務2282号の座談会で以下のようにご発言されています。

　「アセットオーナーがSSコードの受入れ表明をしてから、アセットオーナーからの質問が非常に増えました。回答してもさらに追加質問が来たり、しかも、質問の中身が矛盾していることや、回答をどう役立てるのか不明な質問が多くなりました。そうした質問票は、アセットオーナー自身が用意したのではない場合もあり、スチュワードシップやエンゲージメントについてそれほど知見がないコンサルティング会社が用意していて、アセットマネージャーを管理する形を整えることでSSコードにコンプライしようとしているようにみえることもあります。

　また、面談で、たとえば議決権行使で会社提案に反対したときに、『反対するのだったら売ればいいではないか』といわれたことがあります。株を売ることと総会議案に反対することは、意思決定として連動する場合もあるかもしれませんが、常に一致するとは限らないのに、『反対するなら売却すべきだ、なぜそうしないのか』と一方的で、さっぱり話が通じないと感じたことがあります。

　さらに、前職では、ROE基準で役員の選任に反対することはありませんでした。すると、『他の運用会社はROE基準を入れているのになぜ入れないのだ、いつ入れるのだ』と半ば強引にROE基準導入を迫られました。私たちは1社1社、会社と面談をして状況を詳細に把握した上で投資しているのに、なぜROE基準で役員選任議案の賛否を判定し

なければいけないのかと矛盾を説明して、『ROE 基準を入れる予定はありません』というと、『よくも言ったな』と返されることもありました。

そのほかにも、いろいろ説明した後で、感慨深げに『エンゲージメントってのはそういうものだったのか』といわれると、大部な質問票に回答しているのに今頃わかったのかと、驚かされることもありました。運用会社に重要なのは、運用哲学であって、それに基づいてどういうところに重きを置いて運用するのかということのはずなのですが、『今、フィロソフィは聞いていない。私が言ったことをやるのか、やらないのか、それだけだ』というやり取りになることもあり、まだかなり理解不足だと思います」。

こうした議決権行使の形式的基準による課題や、説明責任の連鎖に伴う形式化の課題は、従前から指摘があります。私からの頭出しは以上となります。

○神田　どうも有り難うございました。日本はこういうガイドラインの弊害のような話が至る所にありますよね。コーポレートガバナンス・コードもそうですし、いろいろなガイドラインについても、それができると杓子定規にコンプラ対応をする。コンプラ対応していますといってそれが独り歩きするといういい例ではないかと思います。三瓶さん、ご発言が引用されましたが、何か補足することはありますでしょうか。

■ アセットオーナーとアセットマネジャーとの上下関係による課題

○三瓶　ガイドラインの弊害ということもあると思うのですが、スチュワードシップ・コードに関していうと、アセットオーナーとアセットマネジャーの関係からすると、受託するか、それを失うかという本業に直結する問題になってしまっていて、アセットオーナーからいわれたことは矛盾があろうが何だろうがイエスという。スチュワードシップ・コードのコンプライ・オア・エクスプレインについても、すべてコンプライすることがアセットオーナーの当然の期待値だと示せば、アセットマネ

ジャーは100％コンプライする。その能力がなくても、実行する現場が懐疑的であっても、解釈によってできていることにしてコンプライする。そういう、とてもいびつな構造になっていると思います。ガイドラインの弊害というか、プリンシプルとルールの混同のほか、バリューチェーンやインベストメントチェーンが上下の力関係として作用している点は、今後注視して改善していかないといけないと思います。

　イギリスはご承知のとおり、コンプライの質を高めるためにスチュワードシップ・コードの受入れを表明した機関投資家に2020年のコード改訂でスチュワードシップ活動報告を年次で求めるようになりました。FRC がその活動報告を審査するのですが、第１回の活動報告提出189機関中125機関が「合格」と評価されました。スチュワードシップ責任を果たすやり方は機関投資家によってさまざまであるとの認識に立ち、本当にコードの目的に適った活動を行っていると判定された機関は合格、そうでないところはコンプライと自己評価していても期待に達していないと判定されます。提出された報告書の中から好事例を抜粋し、今後の期待値の公表として活用されています。日本のスチュワードシップ・コードにも2017年改訂・2020年改訂を経て指針７－４に「本コードの各原則（指針を含む）の実施状況を定期的に自己評価し、自己評価の結果を投資先企業との対話を含むスチュワードシップ活動の結果と合わせて公表すべきである」と追記されましたが、イギリスでは自己評価では済まさず質を高める改善を促す仕組みが組み込まれていると思います。

○加藤　インベストメントチェーンを機能させるために、アセットオーナーにアセットマネジャーによるエンゲージメントを後押しさせようという発想があると理解しています。このような発想に従って、実際にスチュワードシップ・コードやコーポレートガバナンス・コードが改訂されてきたと思います。しかし、本座談会でいろいろな資料を拝見していて、実は良くない方向に行っているというのは非常に残念だと思いました。

　アセットマネジャーによるエンゲージメントは最終受益者の利益最大

化のためになされるべきですから、最終受益者により近い立場にあるア
セットオーナーがアセットマネジャーによるエンゲージメントの内容を
最終受益者の利益最大化の観点からチェックするという構造になるはず
です。しかし、アセットオーナーにも改善すべき点があるということで
すね。三瓶さんにご紹介いただいた事例はアセットオーナーがアセット
マネジャーに横並びの行動を強いているというものですが、このような
アセットオーナーの行動は最終受益者の利益に資するものではないと考
えます。この点に関連するか自信はありませんが、企業年金の予定利回
りの話で、アメリカと比べると日本はどんどん予定利回りを下げてしま
うという指摘をみた記憶があります。予定利回りを下げるという選択肢
があるのであれば、最終受益者の利益に資する形でインベストメント
チェーンに関与する必要性が認識されにくくなるかもしれません。ア
セットオーナーが抱える日本独自の問題、特に企業年金の体制に問題が
あるということは何度もスチュワードシップ・コードの有識者会議で検
討されていたように記憶しています。この点について問題が残っている
のであれば、スチュワードシップ・コードやコーポレートガバナンス・
コードによるかにかかわらず、各企業による改善を後押しする仕組みが
あるとよいと思います。

○神田　三瓶さん、今の点はどうなのでしょうか。アセットオーナーの
問題というのでしょうか。

○三瓶　アセットオーナー自身が、具体的に企業と対話するとか、企業
の状況をモニターするという体制ではないため、スチュワードシップ・
コードの原則や指針に該当しない項目が多いことを理由に受入表明する
かどうかを躊躇しているというのをよく聞きます。そこははっきりと役
割の違いということで、アセットマネジャーに任せることは任せ、任せ
たことが期待どおりされているかどうかをモニターするといったアセッ
トオーナーとアセットマネジャーの役割分担を踏まえた上での受入表明
の仕方というのがあるのだと思います。そうした理解の上で企業年金の
受入れを促す意図で、コーポレートガバナンス・コードの2018年改訂で

原則2－6（企業年金のアセットオーナーとしての機能発揮）が加えられたと思います。

　予定利率の件は、アセットクラスの問題と関連していると思います。たとえばイギリスのスチュワードシップ・コードであれば、複数のアセットクラスが対象になっていますが、日本では2020年改訂の際に前文の「本コードの目的」に「他の資産に投資を行う場合にも適用することが可能である」と消極的な表現が追記されただけなので株式資産以外が主流の企業年金はあまり意識していないと思います。また、ご指摘のように予定利率が非常に低い状況では株式へのアロケーションは限定的で、アセットオーナー全体としてのインベストメントチェーンやスチュワードシップ・コードへの関心、重要度が低いという可能性はあり得ると思います。

■ アセットオーナーとアセットマネジャーとの新たな関係の構築

○武井　企業側がコーポレートガバナンス・コードで上の句を読んで、それに対して機関投資家側がそれを評価するという趣旨からすると、議決権行使のときに、個別に頑張れば頑張るほど元のマスターから嫌な顔をされてしまうという状況ではダブルコードの趣旨に照らしてもよくないのだと思うのですが、三瓶さんのこうしたご指摘は、どうすれば克服していけるのでしょうか。

○三瓶　アセットオーナーは、従来はアセットマネジャーに委託することでモデルとして成り立っていると彼ら自身も理解していて、運用の専門家を置く必要はないという感じがあったのです。ただ、スチュワードシップ・コードからするとそういう前提ではないので、それなりに運用の根本的な知識がないといけなくて、そこに大きな乖離があるのだと思います。したがって、どういう方がアセットオーナーの責任者になり必要なスタッフを補充するのかということが鍵ではないかと思います。

○武井　アセットオーナーもアセットマネジャーもスチュワードシッ

プ・コードにサインアップしているときに、二重のコストになっても非効率だと思いますし、もっとアセットマネジャーを信じて任せるべきときもあるように思いますが。

○三瓶　インベストメントチェーンになっているわけですから、そこで役割分担があると思います。ただ、その役割分担の中で、委託先の選定や評価をするアセットオーナーの責任者には、たとえばアクティブ運用のアセットマネジャーはそれぞれ運用哲学があるということぐらいは理解してもらわないといけなくて、それを一律にスチュワードシップ・コードでこうだとか、自分たちの管理の都合で一律に同じことをやれということでは役割分担が成り立たないと思います。もちろん重複して体制を作れということではないのですが、少なくとも、アセットマネジャーに任せることと、アセットマネジャーを選別した理由と、何を期待するのかということを関連づけて考えられるアセットオーナーでないと困るということです。

○武井　アセットオーナーのスチュワードシップ・コードのサインアップの意味をより明確にすることが一案でしょうか。

○三瓶　アセットオーナーについてもっと種類別に考えなければいけないということだと思います。企業年金だと確定給付型企業年金（DB）と企業型確定拠出年金（DC）は全然違いますから、DCであれば、インベストメントチェーンというよりはほぼ丸投げです。選択肢となるプランを作って、あとは社員1人1人に選ばせるわけですから、選んだ先がその選択理由に則った運用を行っているかということぐらいです。

　DBだともう少し積極的に特定のアセットマネジャーを選ぶので、そこに何を期待するのかということは明確にしなければいけません。公的年金はいわゆるDB型になっているので、どうしてそのアセットマネジャーを選んだのか、そのアセットマネジャーに期待することは何なのか、スチュワードシップ・コードへの対応を含めてどういう対応をしてくれるアセットマネジャーを選ぶのかということについてはもう少し判断できる方が必要だと思います。

○武井　スチュワードシップ・コードの中でも、サインアップの意味を丁寧にインベストメントチェーンごとに分けて考えていかなければいけないということでしょうか。

○三瓶　最初はアセットマネジャー向けに作られたのではないでしょうか。ただ、インベストメントチェーンのことを考えると、当然アセットオーナーも重要だということになって、特に企業年金については先ほど申し上げたような理由でなかなか受入表明しないところが多かったのを、少し受入表明しやすいように誘導したところがあります。アセットオーナーは種類別にどのような対応があるのかとか、何に気を付けるべきなのかということをもう少し説明する必要があるように思います。コードそのものに書く必要はないかもしれませんが、コードを受け入れたときに何が留意点かということは説明が必要なのかもしれません。

○武井　ちなみに、スチュワードシップ活動に係るリソースのコストに対するアセットオーナー側の理解も重要だと思いますが、その点は日本では改善されてきているのでしょうか。

○三瓶　新たな付加価値を受託者に要求するならばその活動のためのコスト負担をする、委託者が追加料金を支払うのは本来当然です。この点は事業会社同士の客・発注者と受注者という関係も一緒だと思うのですが、日本では圧倒的に発注者が上です。ですから、追加コストはサービスとして受注者が吸収せよとなる。これは本当に海外の企業間の関係と違うところですし、海外のアセットオーナー、アセットマネジャーの関係と違うところです。インベストメントチェーンにしろバリューチェーンにしろ、役割分担するということは、自分がそれを行うのに最良ではないからお金を払って任せるという関係にあるのに、任せる側が偉いという日本の慣行は、バリューチェーンやインベストメントチェーンをつなぐときに非常に変な軋轢やプレッシャーを生みます。ですから新たな付加価値に対する追加料金を払ってもらえない。これはそう簡単に直らないのだと思いますが、そこにはとても無駄が生じるし、合理的に物事が進まない大きな課題の1つだと思います。

○**神田** 任される側の歴史もまだちょっと浅かったということもあるのではないでしょうか。これは資本市場自体の歴史でもあるのですけれども。圧倒的に発注者側が強い点はたしかにそのとおりなのですが、そこは少しずつ変わっていくと思うし、変わっていかないとなかなかバランスはとれないと思います。

　もう1つは、アセットオーナーにもいろいろあって、三瓶さんがおっしゃったとおり年金の中にも DC と DB があって、年金はアセットオーナーといっても背後にさらに受給者・加入者という真の意味での受益者がいるわけですよね。ですから、スチュワードシップ・コードの中に全部書く必要はないのかもしれないですが、類型化してもう少しきめ細かに行動規範を示さないといけないのではないかと思います。コードが杓子定規に運用されると、目指していたものと違ってスチュワードシップ・コードがむしろ弊害になってしまいますので、そこは課題ではないかと思います。

8 権限分配論の新たな展開

■■ 前提となる諸状況の変化

○**神田** 次は、権限分配論関連ということで、武井さんから頭出しをお願いします。

○**武井** 権限分配論の関係では、たとえば会社法295条2項という有名な条文があります。権限分配論については昭和20年代〜30年代頃に一度盛り上がり、しばらく盛り上がっていなかったのですが、最近いろいろと法的解釈等が議論される場面が増えてきています。特に他の国と比べて日本はやや特異な状況にあり、①株主が決められることと②取締役会またはマネジメントが決めるべきことの①と②との境界線・役割分担に関する規律についていろいろ論点が出てきていますので、議論できればと思います。

　最初に、少なくともこれだけ経営環境の変化が激しい時代に、特定株主が特定の時点で決めたことにずっと縛られて本当に上場会社として成長するのかという論点があります。特に業務執行事項を定款等で定める場合にこの問題点は顕著です。なお、少し話が逸れますが、令和元年の司法試験の会社法の論文問題でも、総会決議で倉庫を売れと決議されたが、その後の事情の変更でそのまま倉庫を売ると多額の損害が出てしまいます、といった事例問題が出ていました（笑）。

　後でもご紹介をしますが、日本と違って欧米ではこの手の権限分配論は20世紀の半ばにすでに一定の着地をしているようです。日本は欧米とは異なる制度状況のままずっと放置されてきたのですが、この論点があらためて重要になってきた背景事情、変化の事情をいくつか申し上げます。第1が株主構成の変化です。ここ10年、20年の間に、パッシブ機関投資家の方の保有比率が相当増えています。パッシブな機関投資家に議決権行使をしてくださいとお願いしている政策が進められているわけですが、機関投資家側にもいろいろなリソース上の限界もあります。リソースを割けるパッシブ機関投資家の方もいらっしゃるのですが、一般的にいいますと、やはり保有する個社の数が多いのに議決権行使という個別作業をすることがなかなか難しい。そのためいろいろな判断が形式化し、形式的な議決権行使が起きてしまう現象がみられます。

　第2が、海外株主が相当増えており、また海外株主が依拠する議決権行使助言会社の推奨結果の影響力も大変大きくなっています。

　第3が、政策保有株式を減らす動きが象徴的に進んでいること。そういった株が機関投資家などに流れている面があります。また個人株主の保有比率も、戦後の証券民主化運動があった約40年前の40％ほどの保有比率（金額ベース）から、ここ10年間は16％〜17％と、半減した状態が続いています。

　第4が、元々、株主がなぜ議決権を持っているのかという、株式会社の根幹にもかかわる点です。伝統的説明は、リスクマネーを出している以上は役員の選解任に議決権を持ちましょうということですが、他方で、最近はデリバティブや貸株、いろいろな形の仕組みがあり、議決権を誰が持っているのかよくわからない、リスクマネー拠出者と議決権行使権者との分離現象が無視できない状況になってきています。

　第5に、ユニバーサルオーナーです。ユニバーサルオーナーは、社会全体、経済全体、地球全体といったイシューに関心を持ちます。市場全体の話と、各社の企業価値のイシューとがずれるときにどうするかという論点が出ます。

第6が、昨今、国家経済安全保障のイシューが相当リアルになってきています。国家経済安全保障の観点からも資本市場のあり方についていろいろな議論が出てきています。

■■ 欧米は株主にガバナンスの排他的権限を認めているわけではない

○武井　その上で、権限分配論について最近の有名な議論をいくつかご紹介します。前にも申し上げましたが、正確なところは原典のほうをご参照いただけましたら幸いです。

　まず上村達男先生は、①会社は定款に書かれた目的および長年にわたって培ってきた経営の理念・ミッションを最大実現させようと努めるところにその存在意義がある。しかし、そうした目的・ミッションの最大実現のために会社が営まれるかを判断・評価することは、株主が容易になし得るものではない。そうした評価をなし得るのは、会社経営をいつもウォッチし、日常的な経営評価を自らに課す会社の運営機構・ガバナンスである。というより、そうした評価をなし得るものとして適切に設計された仕組みがガバナンスである。②株主の属性を問うことなく、株主価値最大化が経営目的であると声高に述べることは、株式会社の長い歴史を振り返ればつい最近のことである。株主とは「株式」の所有者であることははっきりしているが、「会社」の所有者に結びつくという主張には一切の根拠がない。③欧州には市民や個人といった社会の主権者が株主であることにこだわる規範意識の存在がある。株主の属性をしっかりと認識し、その者が「物言う資格」を有する株主であるかを問題にする姿勢が重要である、と指摘されています（上村達男『会社法は誰のためにあるのか』（岩波書店、2021）78頁～85頁など）。

　岩村充先生は、①欧州では株主だけに排他的なガバナンスを認める考え方は主流ではない。②日本ではひたすら株主のいうとおりにする経営者がよい経営者だという雰囲気が作られつつある。株主がモノをいうこと自体を否定するものではないが、支配権だけを強化する制度変更は、

長期的には従業員のモラル低下や負債格付けの低下などを生み、株主自身の利益にならないばかりか、格差拡大と中間層崩壊を通じ民主主義を危機にさらしかねない社会的問題である。③ロングターミストに共通するのは「発言する以上は責任も取る」であって、少なくとも企業価値が向上するまで株式を保有する姿勢である。経営判断の領域に簡単に踏み込むべきではなく、それは取締役の役割であって、その取締役を選任するのが株主の役割だ、と指摘されています（岩村充「ショートターミストは企業価値の破壊者だ―アンバランスな株主権強化は誰のためにもならない」金融財政事情3418号（2021）24頁以下）。

■ 欧米は経営権限が（株主でなく）ボード／マネジメントにある旨を会社法で法定

○**武井**　立教大学の松井秀征先生は、歴史的な比較論の中で次のような興味深い分析をされています（松井秀征「今、改めて株主総会を考える」東京株式懇話会会報833号（2021）46頁、石川真衣ほか「〈座談会〉サステナブルな資本主義と上場企業法制上の諸論点」MARR326号（2021）、松井秀征「株主／株主総会と取締役会（ボード）／経営陣（マネジメント）との役割分担に関する欧米の法制と日本への示唆」商事法務2301号（2022）37頁など）。

　①欧米は20世紀に入って、機動的経営を行える環境が企業価値にとっても重要であること、また、特定株主の特定利害が企業経営に立ち入ることの弊害もあることから、所有概念から経営概念の分離を進めていった。米独は、取締役の経営権限は「株主から由来するものではなく」、「会社法の規定に基づいた取締役や取締役会の固有の権限である」と会社法で法定している。②アメリカの場合、100年以上前に企業が巨大化し、株主の分散化現象の中で、数％の株主でも会社に影響を与える可能性が出てくる。しかし、特定株主の利害と会社利益とが一致していない場合もあり、特定株主の利益が会社全体に影響を及ぼしてしまう可能性がある。これはよくないということで、ボードが経営を握る形に制度化されている。特に私的な利益に動かされるのは危険であり、やはり専門

的な経営者が固有の権限を持って経営をしたほうがいいということで、マネジメントの権限なり理論なりが会社法という形で明確化されていった。③ドイツについても、マネジメントが持っている業務執行その他の経営権限、ボードが持っている経営権限が、法律が与える固有の権限であるという位置づけになっているが、アメリカとやや違う切り口として、上場会社のようなある程度大きな規模になった会社は、公的な存在、社会的にパブリックな存在なので、特定の私的な利害だけでいろいろな影響力があるのはよくないという点があった。その上で、一部の投資家の利益だけがいろいろな経営に反映してしまうのはやはり弊害があるということで、ボードの権限が法律によって与えられている固有の権限になっていると。特定株主の意向が直接的に上場会社の経営に反映されることに抑制的であるべきで、経営の責任はマネジメントが負うべきである。逆に株主はボードの選解任権を持っているわけだが、そういった形での権限分配論が進んでいった。

■ 日本だけ立ち後れている権限分配論の整理

○武井　松井先生のご説明を続けますと、④欧米はこのように20世紀に権限分配論の議論をほぼ終えて今の会社法制の形に至っているが、日本はというと、戦後すぐに松田二郎博士の議論などがあったが、日本は株主の意向がマネジメントにある程度反映されるという非常にプリミティブな前提が残ったままである。政策保有株式が日本で一般化したのはこの前提が残っていたからという見方もできるのかもしれない。しかし古い考え方に由来する制度を日本がそのままにして、政策保有株式だけが剥ぎ取られることになると、株主の意向が経営に直接反映しやすい仕組みになる。極端なことをいえば、定款を変えれば経営判断を何でも拘束できるようにみえる。こうした問題点を会社法も自覚して変えたり考えたりしていくべきではないか。⑤この権限分配論の点は、会社法295条に限らず、同法29条や同法316条2項についても同じ論点がある、等の指摘をされています。

　フランス法に詳しい東北大学の石川真衣先生は、フランスでも似たような議論があって、株主総会は最高機関のように説明されているけれども、株主や株主総会が介入できない事項などは存在していて、しかもその権限分配は、会社法上、揺るぎのないものであると。株主がみんな同質だという前提での会社法の建付けを考えるべきでなく、株主の利益は本当にばらばらなので、株主とひとくくりにして、株主がいっていることはみんな正しいというのはおかしいと指摘されています（石川真衣ほか「〈座談会〉サステナブルな資本主義と上場企業法制上の諸論点」MARR326号（2021）参照）。

　いろいろ述べましたけれども、株主構成の変動などを含めて権限分配論に関して、昭和25年ぐらいからずっと止まっている中、今の状況を踏まえて、会社法の制度論であれ解釈論であれ、どのように考えていくかということについて問題提起をさせていただきました。長くなりまして申し訳ございませんでした。

○神田　有り難うございます。やや一般論的なところもあるのでなかなか議論しにくいかもしれませんし、他方で、非常にたくさんの論点があり得るので、全部議論するのもなかなか大変かと思いますが、本日の座談会の中でも、すでに児玉さんから実務界の危機感についてお話しいただきました（本座談会3）。ここであらためて取り上げたいのですが、児玉さん、いかがでしょうか。

■ 株主が最強の権限を有している日本の会社法制のアンバランスは改正すべき

○児玉　本座談会の前半でも、株主の法律的立場が日本は欧米に比べて強いというアンバランスが改善されないまま、開示だけが欧米並みに要求され、企業が丸裸にされていくという状況に対する企業の危機感を紹介しました。権限分配論については、どうしても個別に議論されることが多いですが、こうした他の論点における日本と欧米の違いについてもセットで考え、全体としてバランスのよい議論をしていただきたい、1

つの論点だけが突出することのないよう検討していただきたいといつも
思っています。

■ 上場企業側の開示強化だけでなく株主側の開示強化も重要

○児玉　たとえば、買収防衛策の導入議案について、近時、機関投資家
の見方がとても厳しくなっています。そのような中で、支配権に影響を
与え得る株主に対して一定の情報開示を求めることが実務界の課題と
なっています。こうした点は、2000年代前半に議論されて以降着地点が
定まらないままとなっています。株主側からの情報開示を求める法制度
について何ら進展もみせないまま、その一方で、企業側だけにより多く
の開示を求める制度改正の議論ばかりが進められています。

　実務の立場で怖いのは、株式が信託口を通じて保有されることが非常
に多くなる中、その場合、誰が実質的な株主かがみえないことです。株
式保有比率が５％を超えて大量保有報告書が提出されない限りみえませ
ん。そのような危機感に追い打ちをかけたのが、コーポレートガバナン
ス・コードや東京証券取引所の市場再編等による政策保有株式縮減の要
請です。いずれにしても今日のこうした論点については、それぞれが
別々に検討されるのではなく、是非関係省庁が連携してまとめて議論い
ただきたいというのが実務界の願いです。

○神田　児玉さんがおっしゃるように、いろいろなことを一緒に考える
必要性というのは、たとえば次の $\boxed{9}$ の買収防衛のところとかでも顕在化
するのだと思います。三瓶さん、いかがでしょうか。

■ 日本の上場企業経営者は資本コストへの意識がまだ不十分ではないか

○三瓶　たくさんの論点を武井先生に出していただいたのですが、それ
らを考える上でまずお伝えしたいこととして、上場会社の経営者がどの
ような資質を見込まれて、どのような経緯で選抜されたのか、その経営

者は何を目指しているのか、何を優先して経営に当たっているのか、それに対して株主がどういう権限を持つのかという相対的な視点が重要ではないかということです。日本の経営者は、資本コストを長年下回っていても気にしないといった状況があり、その現実問題を抜きには考えられないというのが、投資家側の見方です。

　権限分配論について申し上げたいことの1つは、リスクマネーを拠出しているから株主に権限があるという考え方についてです。何となくそうかなという気になりますが、もう少し厳密にいえば、たとえば財産分配請求権において最劣後にあるということです。また、株主以外のステークホルダー、たとえば従業員や取引先、税金を納める先である国・地方自治体、債権者などに対して企業は支払義務がありますが、出資している株主に対しては支払義務はありません。だからこそ、株主が何も関与できずに残余権が無価値になるのは困るので、株主が強い権限をもらっていると理解しています。リスクマネーという一言で片付けるのは、少しニュアンスが違うかなと感じています。

■ エンゲージメントでは（自らの特定利益に適う事項でなく）他の多くの株主がそう思っている事項を指摘する責任感を持つべき

○三瓶　とはいえ、株主は自分勝手なことを主張してよいわけではありません。自益権の追求だけではなく、やはり共益権という視点が求められるのだと思います。

　私が、2000年頃にアメリカやイギリスで、投資家の議決権行使やエンゲージメントについての議論に参加した時に、投資家は非常に責任感を持っていました。自分たちが会社に対して提案することは、他の多くの株主もそう思っていると考えられることにのみ焦点を当てる、他の株主の考えは違うかもしれないことは議題にしないということが明確でした。そういう責任感が原点ではないかと思うのですが、最近はその意識が少し弱くなってきているように思います。

■■ 業務執行事項の定款変更は将来の会社の手足を縛るのでおかしい

○三瓶　もう1つ申し上げますと、日本の株主総会では、株主提案として、定款変更議案が提出されることがよくあります。私は、株主提案による定款変更議案については、誰が提案したものであっても一部の例外を除き一貫して反対してきました。経営の自由裁量を縛ることにより結果責任の所在が不明確になるからです。提案時点ではその内容がもっともらしくみえても、将来、外部環境が変わったときに、定款記載事項で経営の手足が縛られ、多くの株主に不利益が生じるかもしれません。そしてそのとき、提案株主はすでにいないかもしれません。そのような事態で経営者に100％責任があるのか、定款変更が孕むリスクを十分に考慮せず賛成した株主にも責任の一端があると思います。責任をとれない株主からの業務執行にかかわる経営者の裁量を拘束する提案には賛成すべきではないと考えています。日本の会社法でも、本来は業務執行にかかわる定款変更議案は取り上げなくてもよいはずですが、日本企業は、提案株主との関係が後で拗れることを避けるために、とりあえず議案として取り上げる傾向にあるようで、そこは企業側にも責任があると思っています。

■■ 株主／株主総会の権限を考える際の視点

○神田　有り難うございました。次に加藤さんからご意見を伺う前に、議論の材料として、私からもいくつか順不同で申し上げておきたいと思います。

　株主総会の権限については、法律に規定はあるのですが、株主の権利が強いという話と実態とは必ずしもイコールではありません。たしかに日本の会社法ではアメリカの会社法と比べて、株主の権限が強いです。しかし、だからこそ昔は、日本では、市場において株式持合いのように株主の権利を弱めるようなバランスがとられ、逆にアメリカでは、市場

において、訴訟なども含めて、株主の権利をより強めるメカニズムでバランスがとられたと理解しています。

株主総会の権限というものは学界における難問なのですが、それについて私は20年ぐらい前に、クラークマン教授とロック教授というアメリカの先生方と一緒に、非常に悩みながら本の一節を書いたことがあります（Reinier Kraakman et al., The Anatomy of Corporate Law: A Comparative and Functional Approach 131-133 (first ed., Oxford University Press, 2004)）。そのときに謎としてあったのが、たとえば、合併をする場合には株主総会決議が要るのに、巨額の借金をする場合は要らないのはなぜか、といったことでした。これはどこの国をみてもそうです。巨額の借金をするのに株主総会の承認が要るという国は、少なくとも当時は主要先進国ではなかったですし、今でもないと思います。そのような謎について、論理的に突き詰めて答えを出そうとしたのですが、やはり歴史かなと思うということがあります。

また、三瓶さんがおっしゃったことに関連してですが、私は、株主は同質ではないと思っています。同質ではないのですが、法律上は残余権者なのです。謎として、残余権者に経営者を選ぶ権利やその他の権利がなぜ与えられるのかということがありますが、学界では議論の蓄積があります。株式会社のような組織形態についていえば、通常は残余権者の利益を高めれば企業価値が高まるという関係にあるので、残余権者に権利を行使させる合理性があるということです。

同質性の議論については、この分野で最も著名なのはおそらく、ヘンリー・ハンスマン教授の本です（Henry Hansmann, The Ownership of Enterprise (Harvard University Press, 1996)）。株主以外がオーナーである団体・組織はたくさんあり、たとえば、大学には生協（消費生活協同組合）というものがあります。生協では、その組合員が1人1票を持っています。出資した人ではなくて利用する人がオーナーなわけです。user owned enterprise であり、investor owned enterprise ではありません。これについて、いろいろな議論がありますが、ハンスマン教授は

利害の同質性という議論をします。生協であれば皆が消費するために集まって作っているわけであり、利害の同質性がある中で組織の運営や方針、経営者が決められることになります。この議論が使われたのが、日本でいうと、証券取引所の株式会社化です。東京証券取引所などが会員制法人から株式会社化するときの1つの議論が、従来は証券会社が会員であり利害が同一だったけれども、世の中の変化が激しく、証券会社の中でも利害が同一でなくなってきているとすれば、むしろ investor owned organization にしたほうがよいということが理由の1つとしてありました。さらにいうと、医療や福祉分野における株式会社形態の容認も同じような議論です。

　私は、株主が同質なのではなくて、他の人と比べるとまだましだという意味で、消極的な意味での同質性があるということだと思っています。残余権者なのでというところで、かろうじて株式会社形態は、不思議な面はあるのですけれどもそういうことになっています。もっとも、そのことと、どういう場合に株主がモノをいえるかということとは、別の話になります。

■ 株主への意見の聞き方

○神田　あと2点お話しします。

　1つはボードとの関係という点です。利益相反がある場合には、株主の声を聞きたくなるのはどこの国でも同じです。アメリカでいえば、セイ・オン・ペイ（say on pay）というものがあります。高額な役員報酬は利益相反事項そのものといってよいと思います。エンロン事件を経てサーベインス・オクスレー法ができた後、おそらく2000年代中盤だったと思いますが、株主総会でセイ・オン・ペイとして株主意思の確認をしようという実務が急速に普及しました。高額な役員報酬であっても、アメリカの会社法では株主総会の決議事項とはされていません。そこで、セイ・オン・ペイが実務として登場しました。やはり株主に聞くのかなと。

▓▓ 少数株主にも一定の忠実義務がある

○神田　もう１つは属性の話です。株主は多様ですが、無責任でよいわけではありません。私が1970年代に助手になって「多数決の濫用」に関する論文を書いたとき、フランスの文献を調べました。多数株主は少数株主に対して何らかの義務を負うのではないかと思って調べたのですが、面白いことに、最初に出てきた文献は逆で、それは少数株主の忠実義務を取り上げるものだったのです。少数株主がなぜ義務を負うのだろうと思いました。言葉として多数決の濫用という言葉は多く出てきたのですが、義務としては少数株主の義務が出てきたことに驚きました。

▓▓ 株主の「属性」に関する規律よりも「行動」に関する規律が制度論として合理的

○神田　株主は何でも自由にできるというわけではないのですが、他方で、株主の属性に着目するのは無理があると思っています。株主にはいろいろな人がいるのが当たり前です。毎日売買するデイトレーダーと呼ばれている人もいますし、パッシブ投資をする人もいます。それは一定の範囲で自由ですので、私はむしろ行動（behavior）を問題にしたいと思っています。属性というよりも、行動に問題がある株主が問題で、社会にとっても害になると思うのです。ですから、会社法に直接何か規定を置こうという話よりは、個別の場面における解釈論になると思うのですが、株主の行動は問題にされてしかるべきで、あまり属性にこだわると、議論を間違えるような気がしています。

　それでは、加藤さん、宜しくお願いします。

○加藤　有り難うございます。権限分配論については、一般論として、株主、取締役会、経営者の関係には多様な選択肢があり、社会や経済状況が変化すれば従来の均衡が崩れて、新しい均衡を探す試みが行われるのではないかと考えています。日本は、従来は株式持合い、長期雇用、取締役になるまでの内部昇進、メインバンクなど、複数の制度が複雑に

組み合わさっているにもかかわらず非常に安定的な状態が存在していたと思うのです。それが壊れて、新しい関係を探求する試みが続いているが、いまだ次の均衡を見つけることができていないというのが日本の近年の状況であると理解しています。

　具体的に武井先生が提起された問題についてですが、私も神田先生と同じようなコメントになってしまいますが、何を株主総会が決議するべきかという話と、株主の属性に着目するべきかという話が混ざってしまっているような印象を持ちました。

　前者の決議事項の問題については、現在の会社法で株主総会の決議事項とされているものごとは、なぜ株主総会が決めることにされているのかを突き詰めて考えていく必要があるのかもしれません。しかし、おそらく今問題になっているのは、定款変更という形をとれば、株主総会が業務執行に関する取締役の権限を将来にわたって制約できることであると思います。武井先生がご指摘のとおり、この点は問題です。しかし、この問題を会社法295条2項の解釈論として解決することは難しい印象を持っています。むしろ、突破口になりそうなのは、最近、勧告的決議というものが定着してきたということかもしれません。株主も業務執行に関して何か意見を述べる、株主総会という形で意見を述べる手段が勧告的決議という形で存在するのであれば、定款変更という形で具体的な業務執行に関する株主提案を行うことは、たとえば株主提案権の範囲外になるという解釈論および立法論が考えられます。

　後者の株主の属性の問題について、上場会社のメリットの1つである誰でも株主になれることとの関係をどのように考えるかが課題となります。株主の属性に着目することは、上場会社の株式は誰でも取引できる、誰でも株主になれるという仕組みとバランスをとれるかということです。ですから、神田先生がおっしゃるように株主の実際の行動を問題にすることが処方箋としては適切であるように思います。さらに、株主の行動が問題とされるべき理由が株主以外のステークホルダーの利益を害していることにあるのか、それとも株主全体の利益に反する行動がとられて

いることにあるのかによって、対処すべき方法も変わってくるのではないでしょうか。

　最後に、武井先生がおっしゃったリスクマネー、いわゆるエンプティボーティングの話は、まさに株主の行動を歪める原因の1つだと思います。ただ、日本は事業年度末を基準日として、その3カ月後に定時総会をするという実務があり、これも歪みを生じさせている原因の1つであることに留意すべきです。株主の行動はさまざまな制度によって影響を受けますが、ある制度が株主の行動に歪みを生じさせているのであれば、歪みの原因に遡った対処が必要であると思います。株主の属性の問題の中にも、制度によって株主の行動が歪められている、歪んだ行動をとることが株主の個人的な利益を最大化させるという関係が存在する場合もあるのではないでしょうか。また、多様な利害関係を持った人が株主として存在するということも、多くの会社法の研究者は認識していると思いますが、それが株主総会の多数決によって対処できない問題なのかも検証する必要があると考えます。基準日と株主総会の意思決定がされる日との距離は、多数決の意思決定の仕組み自体が株主の意思決定を歪める原因を内包している一例です。株主の意思決定が企業価値を向上させることにつながり、かつステークホルダーの利益を不当に害さないようにするために、現在の意思決定の仕組みを1つ1つ細かく見直していくことが必要とされているように思います。

■ 役員の選解任や任期に関する規定を見直す余地はないのか

○加藤　もう1つ、権限分配論として提起された問題を考える際に、会社法295条2項だけに着目することが妥当なのか若干の疑問があります。なぜかというと、現在では、株主が会社の意思決定に関与していく手段は、株主総会という一時点ではなく、通年のエンゲージメントが主流になっているからです。そうすると、株主総会で株主が何を決定できるかという話よりも、エンゲージメントという形で、これは少なくとも公開

会社について会社法が想定していない形であると私は思うのですが、株主が経営者にさまざまな影響力を行使できる点に注意を払う必要があると考えています。

このように考えると、会社法295条2項よりも取締役の選任や解任に関する規定のほうが、株主、取締役会、経営者の権限分配に与える影響という点では重要であるように思います。たとえば、株主総会が取締役を選任し、かつ任期が1年という枠組みを前提にして通年で機関投資家がエンゲージメントするのであれば、株主総会の決議事項を狭くしても権限分配のあり方に大きな変化は生じない可能性があります。

もちろん、株主総会が取締役の選任と解任を行うという仕組みを動かすことは株式会社という企業形態の意義を否定することになりかねず、適切ではないと考えます。監査等委員会設置会社や指名委員会等設置会社では取締役（監査等委員会設置会社の監査等委員である取締役を除く）の任期は会社法によって1年とされていますが（同法332条3項・6項）、監査役設置会社であれば取締役の任期を2年にするという選択肢も認められています（同条1項）。ただ、『東証上場会社　コーポレート・ガバナンス白書2021』82頁には「近年では、経営環境の変化に機動的に対応するため、経営責任の明確化及び株主の信任を毎年得ることによるコーポレート・ガバナンス体制の強化のためなどの目的で、監査役会設置会社において、取締役の任期を1年とする会社が増加している」との記載がみられます。仮に、取締役の任期を定款によって1年とする監査役設置会社の大半が株主総会決議を経ることなく取締役会決議のみで剰余金の配当を決定できるとの定款の定め（同法459条1項）を有していないのであれば、取締役の任期を1年とすることがコーポレートガバナンスのベストプラクティスとして定着しつつあるといえるように思います。しかし、株主、取締役会、経営者の権限分配のバランスが株主に傾きつつあることが問題であるならば、取締役の任期や選任および解任に関する会社法の規定の再検証を避けることはできないと考えます。また、東京証券取引所の市場区分見直しは企業の発展段階や株式保有構造により望

ましいコーポレートガバナンスの仕組みは異なるという考え方に依拠しているように思います。このような考え方が役員の任期に関する規定に及ぶ可能性は否定されるべきなのか、検討する余地があるように思います。

　ただ、何かすぐに実現可能な妙案があるというわけではなく、たとえば、いろいろと問題があることは承知していますがアメリカではスタッガードボード（期差取締役会）を使えば任期がもう少し延びるなど、1年の任期が短すぎる場合があるのではないか、との感想めいた問題提起にすぎません。もちろん何も問題がなければ、毎年の株主総会の選任決議は儀式なのかもしれませんが、そういった儀式を行う力を株主が持っている中で、本当に中長期的な企業価値の向上を目指した意思決定を取締役ができるのかは、少し考えてもよいのではないかと個人的には思っています。定款に特段の定めが存在しない場合には取締役の選任と解任の決議要件は共に普通決議であり、かつ、株主総会が取締役を解任する際に正当な理由を必要としない、さらに少数株主権として臨時株主総会の招集権が認められるという日本の法制度の下では、取締役の任期が1年または2年を超える場合のエントレンチメントの問題はアメリカほど大きくはない可能性もあります。また、取締役、特に業務執行を担当する取締役の報酬パッケージが、事実上、任期は1年以上になることを想定しているのであれば、取締役の任期に関する規律と報酬に関する規律の間に不整合が生じているという評価もあり得るかもしれません。

○神田　私も加藤さんと同じ感触を持っています。先ほどアメリカのセイ・オン・ペイについてお話ししましたが、私は日本での取締役の選任をセイ・オン・パフォーマンスと呼んでいます。企業評価の結果を、選任議案に対する賛否で毎年表しているという状況になっていると思うのです。よい面もあるかもしれませんが、加藤さんがおっしゃったように全部1年でというのは、セイ・オン・短期パフォーマンスになっていると感じます。

　武井さんからも、ぜひ意見をもらえますでしょうか。

○武井　有り難うございます。最初に、一番最後の任期1年の点、セイ・オン・短期パフォーマンスという点はまさに新しい視点だと思います。

○児玉　取締役の任期の話について、サステナビリティやステークホルダーキャピタリズムといった視点で、長期で物事を考える経営が求められているということからすると、1年ごとというのはたしかに短すぎるのだろうと思います。他方で、日本企業は今、急激なグローバル化にさらされています。その中で、急激に会社の方針を変えなければいけない、機動的に動かさなければいけないという場面は今こそまさに日本企業に必要なことなのではないかと実感しています。日立などでも、この4、5年で一気に変わったなと実感しています。たとえば、ビジネスの軸足を重電系からIT系に移すといった判断を一気にしなければならない、一気に変えなければならないわけです。そういう意味からすると任期が長ければよいというものでもありません。このバランスをとるのはなかなか難しいと感じています。

○武井　そうですね。どのくらいの期間、責任を持って任せられて、中間ラップタイムを1年ごとにどう計るのか。その中間ラップタイムは1年ごとの総会での選挙である必要はないのではないかというのが、おそらく加藤先生のご指摘で、加藤先生と児玉さんの話は合致しているなと思いました。

▦ 株主の権利に何ら制約がないわけではない

○武井　その上で、神田先生が指摘された、属性でなく行動への規律という点はそのとおりだと思います。

　制度論として考えるときに、この属性ならよくてこの属性は駄目だという制度設計はたしかに難しいです。入退場自由で誰でも入れるのが資本市場であって、属性によって何か規律をするのは、外資規制を入れるような一部の産業を除いて難しい。その観点から、政策保有株式を否定している昨今の議論も、それが制度論であったのかどうかはさておき、

これも属性に着目した議論なので、どうかなと思うところがあります。政策保有株主よりも他の株主のほうがよいという属性の話でよいのかという点は、きちんと議論すべきなのだと思います。またこの点は、あとの⑪で議論します「長期アンカー型株主」のイシューにも関連してきます。

　さらに「属性よりも行動である」という制度論として1つ関係してきますのが、このあとの⑩で議論します「資本市場の透明性」でして、そこにつながっていくのだと思います。

　いずれにしましても、権限分配に関する議論は、日本では昭和25年頃から止まっていて、このグローバルの時代に相当異なる法制度になっています。昨今の株主構成を踏まえて、もう一度議論する必要があるのではないかと思っています。

　また株主の権限が強いという点について、会社法295条2項の点だけでなく他の条文についても関係しているというのもそのとおりです。株主総会関連の条文もありますし、総会以外の条文もあります。株主が何にどう関与するのが上場会社の中長期的企業価値向上の観点から適切なのか、会社法制を含めて上場会社法制全体として、検討していく論点かなと思います。三瓶さんからお話のあった株主が議決権を行使するのに一定の責任を伴うという点は非常に重要な指摘で、そこに関する認識を深めることが大事ではないかと思います。

○神田　有り難うございました。私もまったく賛成で、株主の権利に何ら制約がないわけではないので、三瓶さんもおっしゃったように、伝統的にいえば共益権という制約があり、あるいはもっと義務を負う場合もあってよいのではないかということはあると思います。

　もう1つ、会社法295条のところが難しくて、少し変な規定であるというのはそのとおりなのですが、295条があることで困っているかというと、株主提案の文脈を除けば、それほど足を引っ張る弊害は出ていないのではないかとも思います。そうであれば、株主提案のところを何とかしようという努力はしてきていて、うまくいくかはわかりませんが、

令和元年会社法改正でも手当てがされています。もし株主提案以外の場面で295条２項による弊害があるとすれば問題ですが、なかなか代案がないですよね。

○**武井**　そうですね、ご指摘のとおりだと思います。総会決議事項の射程についての判例法理（たとえば東京高決令和元年５月27日資料版／商事法務424号120頁など）が定着していくことが大事ではないかと考えています。

○**神田**　有り難うございます。

9 司法審査におけるボード判断への一定の依拠

■ 独立性の高い取締役（または委員会）が果たせる役割

○**神田** 次に司法審査におけるボードへの判断に話題を移したいと思います。武井さんから問題提起をお願いできますか。

○**武井** 今の権限分配論の延長にある話として、司法審査におけるボードへの判断ということです。その一例として買収防衛策について簡単に触れます。ただ買収防衛策そのものについてはいろいろと複雑な論点も多いので、ここでは権限分配論に関連する部分についてだけ簡単に取り扱えればと思います。

　巷での買収防衛策というネーミングがいろいろな意味でちょっとミスリーディングだと思うのですが、正確には大規模買付けルールで、大規模買付行為時の情報開示の要請です。一定の比率以上の株を買おうとされる方に、何を考えて買おうとされているのか、この会社に残される株主の方々からするとどうなのですかなど、ある意味、情報開示の仕組みです。特に市場買付けの場合もそうですが、強圧性のある形で買うこともできてしまいますし。こうした大規模買付行為時の情報開示について、現行の日本の法制下では、こうした自主的なルールを上場企業側で入れるしか選択肢がないのですが、多くの機関投資家の方が入口段階でのルール導入に反対されています。

出口のところの発動について、アメリカですと独立性の高いボードといいますか委員会が判断しているわけですが、日本の場合では最後は株主総会にかける流れとなりつつあります。先ほど神田先生がおっしゃった利益相反の1つの処理だと思いますが、他方で、濫用的買収の場合には、2005年のニッポン放送事件の東京高裁決定によると、独立性を問わない取締役会決議だけでも、本来いろいろとできるはずです。濫用の立証はいろいろ難しいですが。

　そうした中で、日本もアメリカと同様、もう少し中間的な、独立性の高いボードが判断できるエリアを今後さらに作っていけないものか。MBOなどのときには、価格算定などで独立した委員会の判断に司法判断もある程度依拠する部分があるわけです。アメリカは独立した委員会が判断して、株主は委員会の構成員を変えることができる（デッドハンドピルの禁止）、一種の間接民主制になっています。独立した委員会が出口で判断するという選択肢について、アメリカとの比較でいうと、日本はまだオープンクエスチョンのまま残っている状態かと思います。

　司法審査において、独立性のあるボードが決めたことに関して、判例法がまだ蓄積されていない状態です。独立性のあるボードへの依拠は、買収防衛策の話に限らず、訴訟委員会であったり、他の場面にも関連してきます。何でもかんでも裁判所が1から決めるのではなく、独立性のある役員等がやったことを踏まえて裁判所も考えると、社会における紛争解決の一定の役割分担にもなると思います。ガバナンス改革で取締役会の独立性が高まりつつある中ですので、こうした論点についても今後議論していくべきではないかという問題提起です。以上です。

○神田　有り難うございました。買収に対する対抗措置は割とわかりやすい例ですよね。武井さんのおっしゃったとおりなのかと思うのですが、もう少し広げて考えれば、私は実務的な感覚がよくわからないのですが、ボードと、何でも株主に意思確認するというのと、その間に何かないかとは思います。

　利益相反がある取引等の場面では、アメリカの裁判所は、特別委員会

や独立委員会の判断を考慮します。買収防衛策の文脈では、日本でいえば対抗措置の必要性に関する疎明責任、アメリカ的にいえば、entire fairness 基準か business judgment rule か、あるいはその中間（enhanced business judgement 基準）かということですが、基準が移る要件として、アメリカは総会決議までは要求しません。日本の場合は株主意思確認総会の賛成があれば、疎明責任が移るということかと思います。加藤さん、いかがでしょうか。

○**加藤** 別の研究会での神田先生のご発言の受け売りなのですが、買収防衛策の議論を考える際には、個々の裁判例だけではなく、M&A 法制全体の中で買収防衛策がどういう機能を果たしているかを考える必要があります。このような観点からは、たとえば昨年の事例の共通点として、買収者の意図が必ずしも明確にされていない中、市場内買付けで、2 割、3 割近い株式を買われた段階で、対象会社が何らかの対応をせざるを得なくなったという点が注目に値します。このような事態が生じた原因の1 つは、金商法の公開買付規制が市場内買付けに適用されないことです。ですから、昨年の裁判例の中で明示されたわけではありませんが、公開買付規制が不十分なところを買収防衛策が補っているとの評価が成り立ちます。

　強圧性の高い市場内買付けという買収手法に対して今後も公開買付規制で何らかの対応をしないとした場合、買収の是非を強圧性のない形で対象会社株主に判断させることを目的とする株主総会を開催する時間的余裕がない場合が生じる可能性があります。東京機械製作所事件（東京高決令和3 年11月9 日金融・商事判例1641号10頁）はこのような事例であって、例外的に、買収者と取締役以外の株主の意思に基づき買収防衛策を発動することが許されたと理解できるように思います。急激な市場内買付けに対する公開買付規制による対応が不十分であるという状況に、株主の意思を確認しないと買収防衛策を発動できないという解釈が加わると、M&A 法制の目的、すなわち、企業価値を害する買収を妨げ、企業価値を向上させる買収を促すこと、と抵触する事態が発生する可能性が

あるように思います。東京機械製作所事件の買収防衛策は、このような抵触を避けるための苦肉の策として正当化できる可能性があります。さらに、強圧性の高い市場内買付けに対しては、一定の範囲で株主の意思を確認せずに取締役会限りで買収防衛策を発動できる余地があったほうが、前述したM&A法制の目的に照らして妥当ではとも考えています。

■■ 公開買付制度との関係

○神田　有り難うございます。児玉さんと三瓶さんにも伺いたいところですが、いかがでしょうか。

○児玉　同じ発言の繰り返しになりますが、株主の権利が法的にも強いこととのバランスで、買収防衛策に限っての議論をせず、セットで議論いただきたいと思っています。

　たとえば私のいる会社のように、規模が大きくなると現実的にそういう事態に直面する可能性はそれほど大きくないかもしれませんが、日本企業全体をみたときに、短期志向のアクティビストが入って来ている状況の中でこれから間違いなく問題になるだろうと思います。買収防衛策の話が話題になった2000年代前半に、着地点のないままに次の議論に行ってしまった気がしてならないのは実務界の共通の認識だと思います。いろいろな論点を合わせながら、公開買付規制の話も混ぜて議論いただき、トータルで何か実務的に対応できる着地点を検討していけないものかと考えています。

○神田　有り難うございます。三瓶さん、いかがでしょうか。

○三瓶　私は皆様のお話を伺っていて、制度面から考えれば、また論理的にバランスよく考えれば、頂いたさまざまなご指摘はそのとおりかもしれないけれども、日本企業の実態面についても考えておく必要があるように思います。

　敵対的買収を想定して議論がされるわけですが、たとえばPBRが5倍の会社を買う買収者はまずいません。バリュエーションがそんなに高い会社にさらにプレミアムを払って買うことはないわけです。事業会社

が敵対的買収をする場合、買収者にも株主がいるので、その株主がそのような買収は許さない市場原理があります。そうすると、狙われる会社はどのような会社かというと、割安に放置された経営を続けている会社です。投資家からみれば、買収されるべくして買収されるということで市場原理が働いているということだと思います。悪いこと、または困ったことではありません。むしろ健全です。先ほども申し上げた、経営者は何を考えて経営しているのかという話で、本当に精一杯企業価値を高めようとしているのか、という疑問があり、それが日本の現実的な問題になっています。これは公開買付規制のルールをどう作るのかとか、制度を整合的に作るにはどうしたらよいかという議論からやや外れてしまいますが、現実は企業価値を創造できない経営者が多すぎるため、買収により経営改革が起こることを期待する面があるということです。

　たとえばある会社に、私たちがエンゲージメントの中で「価値創造ができていません。少なくとも４つの点について見直しを検討してください。このままでは場合によっては買収されてしまいますよ」と伝えていたところ、翌年、実際にTOBがかかりました。その時になってから、応援してほしいと依頼がありましたが、「１年前に警告を含め課題を指摘したにもかかわらず何もしなかったのだから、経営の責任です」と返答しました。ただ、その買収者のやり口はそれこそ公開買付制度の隙を突く筋の悪い方法だと評価したため、そうした方法が一般化するのを助長しないように、最終的には「１年前に伝えたことを今からでも真剣に取り組んでもらえるなら応援します」という結論になりました。このように、裏口TOBのようなあまりにもひどいやり方については、機関投資家として予見可能性があり規律ある市場原理を重視する立場から放置できず賛同しないということもあるとは思います。

○神田　有り難うございました。非常に基本的な点であり、market for corporate controlが機能するという話で、アメリカでは1980年代に議論が盛り上がったと思いますが、おっしゃったことは、この分野を考える上では出発点ですよね。

加藤さんのおっしゃったことでいうと、たしかに市場で急速に買い集められると、強圧性という論点が出てきます。公開買付けの場合であれば公開買付規制があるのですが、市場買集めの場合は難しいですよね。制度論としては、現在の公開買付規制は市場買集めには適用されないし、新株発行にも適用されません。ですから、公開買付規制、そして大量保有報告などの情報開示制度といったあたりは見直しの課題があることはたしかです。これは前々からいわれていることですが、なかなか機が熟さないというかチャンスが来ないです。いずれ、どういう形かはわかりませんが、公開買付規制や大量保有報告制度は見直しがされると思います。会社法上の争いは、制度的にはそれに依存することになります。

　それから強圧性について、裁判所としては2つの考慮要素があります。1つは、まさに急速な市場買集めがあるような場合、伝統的に強圧性と呼ばれてきた問題があるので、一般論として、ある程度は対抗措置があってよいだろうということです。もう1つは、では独立委員会があればよいかといわれると、それでもやはり利益相反の解消とまでいえるかということがあるため、できれば株主の意思を確認するということをどう考えるか。歴史的にいえば、平時導入の防衛策に関して経済産業省と法務省が2005年に策定した指針は、導入時に株主総会決議が必要でない形での防衛策であっても、株主の合理的な意思に依拠することを3原則の1つに掲げています（経済産業省＝法務省「企業価値・株主共同の利益の確保又は向上のための買収防衛策に関する指針」（2005年5月27日））。これがその後のこの分野の進展の歴史を作ってきていて、実務ではいろいろと悩むわけです。時間的な制約であれ何であれ、株主意思の確認を行うことができない場合にこそ真価が問われるわけで、そういう難しさは避けられないと思うのですが、武井さん、いかがでしょうか。

○武井　有り難うございます。買収防衛策については難しい論点が多々ありますので今日は大展開をしませんが、最初に、あくまで大規模買付けルールであって、「買収防衛策」というネーミングがミスリーディングであるということがあります。大規模買付行為時における情報開示と

して、PBRが高い上場企業であっても低い上場企業であっても、会社のためにも株主のためにも必要な情報開示があります。第2に、もちろん公開買付制度も絡んできますが、公開買付制度の見直しだけでは解決がつかない論点もいろいろあると思っています。その上で第3に利益相反処理が株主総会決議一択だけなのか。神田先生がおっしゃった「取締役会と、何でも株主に意思確認するというのと、その間に何かないか」という論点ですね。いろいろ細かく丁寧に議論したほうがよいのですが、今日はこのぐらいの頭出しでと思います。

　なお、株主代表訴訟についても、会社利益にならない訴訟でも一株主が開始できてしまうという点の見直しも、未解決のままとなっています。頭出しだけで申し訳ございません。

○神田　有り難うございます。非常に大きなテーマですので、本日はこの程度にさせていただいて、次に進みたいと思います。

10 資本市場の透明性等に関する 新たな論点

■ Know your Shareholders 等の資本市場の透明性

○神田　次は資本市場の透明性等に関して、武井さんから問題提起をお願いできますか。

○武井　第1が資本市場の透明性の論点、特に実質株主の把握の話です。先ほどの「属性でなく行動面」という観点からも、こうした透明性は重要な論点となります。

　先ほど児玉さんからもお話がありましたように、企業側は、相手がどういう人なのか、株主名簿をみても株主のことが何もわからないという状態が相当多いと。この know your shareholders の点で日本には、欧米の制度と比較して、いろいろ足りない制度があります。

　欧州は数年前に EU 株主権指令ができて、上場会社は株主を特定する権利を有すると。そのために誰が株主であるかを随時知ることができる情報請求権が立法化されました。0.5％以上保有の機関投資家ですかね。機関投資家について、いろいろラダーをたどって、どういう人たちかというのを聞ける権利を欧州は法制化しました。この請求に応じない人に対しては、議決権停止という法的効力が伴っていると理解しています。

　米国は、大量保有報告制度のほかに、一任運用資産が1億ドル以上の機関投資家は四半期ごとに保有資産の明細を公表しなければいけないと

義務化されており、公衆縦覧型の制度となっています。

　欧米の制度の詳細については、たとえば経済産業省「新時代の株主総会プロセスの在り方研究会報告書」（2020年7月22日）35頁以下（「③対話環境の整備としての実質株主の判明」）などをご参照ください（https://www.meti.go.jp/shingikai/economy/shin_sokai_process/pdf/20200722_1.pdf）。制度論としては大量保有報告制度のあり方も関連します。

　またこのEUの制度の背景について、たとえば石川真衣先生は、「上場会社の株式保有が複雑化していることがあります。株主側からみると、株式保有が複雑化して、自分と会社との間に介在しているものが複数存在することにより、株主権の行使がスムーズにいかないという問題があります。上場会社側からみると、権利を行使してくる株主を容易に特定できないという問題があります。この両者の問題を解決するために制度を見直し、特にクロスボーダー、国境を超えた保有の透明性を高めるために、実質株主の判明制度を強化することになった」と説明されています（石川真衣ほか「〈座談会〉サステナブルな資本主義と上場企業法制上の諸論点」MARR 326号（2021）参照。なおフランスの状況について石川真衣「サステナビリティ・ガバナンスをめぐるフランス企業法制の動向」商事法務2300号（2022）29頁以下など）。山田剛志先生は、ウルフパックも相当あって、大量保有報告制度の日本における実効性に課題があると。米国では、アクティビストなどの特定株主がいろいろな情報を会社から仕入れた結果、それが法律上のインサイダー取引規制に抵触するか否かは措いて、不当な利益を得ているのではないかとの問題提起がなされていると指摘されています（山田剛志「上場企業と株主・投資家との対話の実態と規制への法的視座（3・完）」商事法務2270号（2021）86頁）。

▦　Behavior に関する規律（議決権行使など）

○武井　第2に、「行動の規律」の中で議決権行使の関連についてです。その1が、フランスなどですと、stronger transparency measures applicable to investors taking public positions という切り口での議論が出

てきています。機関投資家側のパッシブ化が進んで機関投資家の票がロジックで動く中、会社側だけでなく株主側にも一定の透明性の規律がかかるのではないかという議論です。選挙にたとえて会社側を現職と呼ばせていただくと、現職側には上場会社として厳しい規律がかかっていますが、対立候補側についてはどうなのか。これは新しい切り口でもありますし、いろいろな議論・論点があるところかと思います。

　その2が、日本での議決権行使の公正性についての会社法上の論点です。昨今の裁判例ですが、たとえば委任状合戦という有事のときに、提案株主側はクオカードを配っても議決権が差し止めされないのに（東京高決令和2年11月2日金融・商事判例1607号38頁）、他方で会社側が有事に配ることについては慎重となる下級審裁判例（東京地判平成19年12月6日金融・商事判例1281号37頁）が残っています。なぜ差があるのか、あるいは果たして差があるのかという点です。

　その3が三瓶さんの商事法務座談会でのご発言で、「〔NGOやイニシアティブが〕勝手に運用会社を、彼らの主義主張に合わせてランク付けし、ランクを公表して、下位の運用会社に対してプレッシャーをかけることがあります。これは、きわめて狡猾というか、半強制というか、レピュテーションリスクを作り上げて、それを梃子に自分たちの主義主張を投資家に強要しようとしているわけです。特定の発行会社の株主でもないのに、そういうことで状況を動かそうとしている場合があります。こういうものは評価できない。しかし、機関投資家として、レピュテーションリスクはとても大きいので、真っ向から対決というよりは、話合いを何回も持って沈静化を図るなどの対応をします」（藏本祐嗣ほか「機関投資家に聞く〔下〕」商事法務2282号（2021）59頁）というご指摘です。

　第1と第2とでやや異なる話になり恐縮ですが、以上となります。

■ 実質株主の把握は重要な制度

○神田　有り難うございました。なかなか難しい問題提起だと思うのですが、児玉さんがずっとおっしゃっていたアクティビスト株主の話はこ

こで議論するといいと思います。何がアクティビスト株主かというと、文字通りの定義は「もの言う株主」ということなので、株式を売ったり買ったりするのではなく、ものを言うことによって利益を上げようとする株主ということになります。ものの言い方には、敵対的な言い方の場合でも、それこそ敵対的な買収行動にまでいくこともあるし、そうでない場合ももちろんたくさんあると思います。

　児玉さん、現状として、アクティビストについてのご意見はいかがでしょうか。

○児玉　本座談会ですでに何度か言及させていただいていますので詳細は繰り返しませんが、ぜひこれから日本の企業全体が、いろいろな側面を個別に検討するのではなく、総合的にこの問題を考えていただきたいと思っています。

　アメリカからショートタームのアクティビストがかなり流入してきている現状の中で、実務的に私が一番怖いのは、信託口がそのよい例ですが、企業側が実態を把握することができないということです。たとえばショートタームのアクティビストが入ってきていることはわかっていながら、では具体的に何％を持っているのだろうかということを会社が正確に把握することは現状ではできません。会社としての心構え、準備として、機関投資家の皆様とお話をしたり、ご指導も頂くのですが、どこまで本格的に対応していかなければいけないか、どれぐらい自分のところに切迫感があるのだろうかというところがみえてこない。これが現実です。

　今まで十把一絡げにアクティビストという言い方だったのが、ショートタームとロングタームというような言い方になってきて、ちゃんと分けて考えるようになったというのはとてもよいことだと思います。そうはいいながら、ショートタームの方が現実にいるというのも事実ですので、何らかの形で会社側でも情報がわかるようなシステムが必要なのではないかと思います。

○神田　どうも有り難うございます。私の感覚で申し上げると、武井さ

んから紹介があった欧米の動向などはそれなりに理由があるし、合理的なものだと思うのですが、know your shareholders というアプローチだけでは信託口はなかなかわからないのではないかとも感じます。仮に信託口を突破できる何らかの手当てができても、信託口の背後にまた信託口があるかもしれません。もちろん会社に株主を知る権利を与えるとか、それをある程度制度化すること自体は情報がより多くなるわけですから悪いことではないと思いますが、何か限界があるようにも思います。ですから、私の感覚だとビヘイビアのほうをもう少し規律づけるということでないと、know your shareholders や開示というのは限界があると感じてしまいます。

○武井　そうですね、バトンリレーのような感じで、どんどんたどっていくということだと思います。各国の法制によって、誰が最終受益者か、どこまでするかというのは決まっているのだと思うのですが、任意ベースでなく制度的担保があった上で、きちんとたどっていけるということが重要なのだと思います。

○神田　そうでないと意味がないですものね。三瓶さん、いかがでしょうか。

▦　米国の公衆縦覧型の制度について

○三瓶　私はアメリカや欧州で運用していたのですが、アメリカではたしかに SEC の1934年法で、Form 13F によって保有状況を開示させられるのです。Form 13F は四半期ごとにファイルします。ですから、誰がシェアホルダーかというのはわかります。欧州でも、仕組みがどうなっていたのか詳細はわかりませんが、ある種のデータベースだったと思いますけれども、そういうシステムがあるので容易にわかるのです。ですから、私はどちらかというと信託銀行が、かつてのスイスの銀行のように自分の顧客を守るというか、なるべく匿名性を保持して顧客の事務代行をしますという形にしている部分が強いのではないかという感じがします。

　議決権行使をするにしても、信託銀行の締切に左右されるのです。直前になって修正したいと思っても、信託銀行の締切という法的には締切ではないところで区切られて、信託銀行の都合でいろいろなことが決まるのです。海外で誰が実質株主であるかということが発行体に明確にわかるという環境があっても、運用上、特段の不都合はありません。

○神田　どうも有り難うございます。たしかに、今説明のあった Form 13F のような制度は日本もやろうと思えばすぐにできますよね。その上で、それでどうなのかということかと思います。

○三瓶　そうですね。Form 13F では運用残高1億ドル以上が要件になっているので、機関投資家としてはかなりハードルが低いのです。ちょっとした機関投資家でもみんな提出しなければいけないため、データベースとしてはとんでもなくたくさんのデータがあります。そのため、誰かが Form 13F の情報を閲覧していろいろな情報を集めようと思っても、データが多すぎてかえってみにくいということから、悪用されにくいということがあるかもしれません。ただ、たとえば前職のフィデリティはアクティブ運用の中ではかなり運用資産が大きいので、常にフィデリティの投資先企業の保有残高をモニターして、そのデータを人に売るというフィデリティウオッチャーと呼ばれる業者が多数出てきてしまう煩わしさはあります。規模が大きいために潜在的な影響力が大きい一方、注目されやすいことはトレードオフなのかもしれません。

■■　有価証券報告書の制度趣旨に照らしても実質株主の開示は重要

○神田　有り難うございます。加藤さん、いかがでしょうか。

○加藤　Know your shareholders の問題については、有価証券報告書には大株主のリストの掲載が求められているにもかかわらず、信託口が列挙されているにすぎず、あまり意味がないという点を問題意識として持っています。さらに、信託口が並んでいる有価証券報告書の大株主のリストの後に、大量保有報告書の情報が注記として書かれていますよね。

ただ、その内容も、大量保有報告書には書かれているけれども会社としては株主であることは確認できていないという記載になっています。このような記載は、機関投資家による株式保有構造や大量保有報告制度への理解が深いとはいえない一般投資家からみると非常にわかりにくいと思います。有価証券報告書によって大株主の情報を開示させるのであれば、有価証券報告書の提出会社が意味のある情報を開示できるような手当てが必要だと思います。

　誰が株主であるかによって、会社の経営方針は影響を受けざるを得ないと思います。ですから、これは投資判断にとって重要性のある情報だと思います。だからこそ有価証券報告書の記載事項とされているのだと思います。その意味をもう一度考え直す必要があるのではないでしょうか。

■ 株主間の情報の平等性と実効的なエンゲージメントとのバランス論

○加藤　株主間の情報格差の話については、日本ではインサイダー取引規制やフェア・ディスクロージャー・ルールで対応し、株主平等原則の範囲ではないと整理されていると思います。株主平等原則は、会社側から株主に対する情報の提供に限られるので、武井先生にご紹介いただいた実質株主の情報に関する問題提起というのは、株主平等原則の射程外の話になってしまいます。

　その上で、株主間の情報の平等を徹底すれば、情報の生産活動自体を萎縮させるという弊害が生じます。市場に参加している投資家の間の情報の平等を確保すべき範囲については、悩ましい問題があるということだけお伝えします。

　ただ、一般投資家にとって、会社がどのような機関投資家とどのような内容のエンゲージメントをしているのかということをまったくわからないという状況には問題があるように思います。先ほどの米国での議論では、エンゲージメントを行った機関投資家の中には、直接交渉で何か

情報を得て、その情報を使って不正な利益を上げている者が存在するのではないかということが問題視されていたと理解いたしました。以前、商事法務の座談会で、機関投資家の方に同じような問題提起をしてみたところ、やはり率直な意見交換は非公開でなければできないという回答が返ってきました。また、エンゲージメントを行ったこと自体が風評被害のようなものを企業にもたらす可能性があるとの指摘も頂きました（加藤貴仁ほか「〈座談会〉対話型株主総会プロセスの将来像〔上〕」商事法務2122号（2017）13頁〜14頁）。この座談会は5年ぐらい前ですが、機関投資家と会社のエンゲージメントが定着しつつある中で、エンゲージメントに関する情報が一般投資家の投資判断にとって重要となる場合も生じているように思います。

○三瓶　私がこれまで多くの会社とエンゲージメントをしてきてわかったのは、先方の社内ですらエンゲージメントをした事実または内容や相手を必ずしも共有していないということです。一方、模範的な"建設的な"エンゲージメントについては、開示を念頭に「今日写真を撮っていいですか」といって写真を撮って、統合報告書に載せたりするのです。しかし、大抵の場合、載せるのは建設的というより"友好的な"エンゲージメントが多いのです。海外では投資家側が相手企業に断りなく完了したエンゲージメントの議題や提案内容を公表したりしますが、日本では「公表してもいいですか」と確認すると「会社名は出さないでくれ」と必ずいわれます。この点は非常に難しいところで、今のところ企業側に公表の主導権があるという感じだと思います。また、公表の動機は一般投資家に対する適時開示というより、コーポレートガバナンス・コードにコンプライしているエビデンスの開示にあると思います。

　また、エンゲージメントの内容をすみやかに適時開示すべきとの意見もあるようですが、たとえばアクティビストが増配や、自己株式取得を要求した場合に決定事実でもないのに対話の議題を適時開示したりすれば、かなりミスリーディングだと思うのです。株主から要求はあったけれども、会社として実行するつもりがあるのかないのかが重要であって、

「このような要求がありました」と開示したら、半分ぐらいの人は、では実行するのかと思うでしょうし、半分ぐらいの人は、要求されただけと思うでしょう。その場にいなかった人からすると何のことか全然わからない開示になるのです。非常にわかりにくいです。経営がその場で判断を決めたのであれば、同席していた株主はインサイダー情報に触れたことになり、適切な対処が必要になります。会社側は、決定事実となればすみやかに開示しないといけません。決定したのであれば、すみやかに明瞭に開示するのがより公平であって重要だと思います。

　また、株主提案の際の提案株主の主張の公衆縦覧についてですが、株主提案が増えてくる中で、アクティビストなどは専用のウェブサイトなどを作り、「ここに最新情報があります」という情報共有を展開するようになっていると思います。それは、彼らにとってそのほうが支持票集めになるメリットがあるからです。他方、提案株主の主張の公衆縦覧を仮にルール化することになると、単に株主提案のコストだけではなく、株主提案した後の情報提供・更新のためのコストも提案株主側が負担することが株主提案の要件になってくるので、ルール化は暗に株主提案をしにくくする１つの方法になるという見方もあるかもしれません。

　最近は、提案株主が情報提供するときに、証券会社に頼んで自分たちの主張を聞いてもらう説明会を開くことがあります。これはちょっと危険な部分があると思い、私は参加したことがありません。というのは、説明会を開くということは、「皆さん、私たちの説明がわかりましたか。リーズナブルでしょう？　賛成しますよね」とか、「今日ここに参加してくださった皆さんが賛成すると、〇〇％の賛成率になります」とか、いろいろなことで盛り上げて、賛同する勢いをつけるということが起こり得ると思っています。その会場で、参加株主が「よし、この議案については賛成しよう」と盛り上がってしまうと、共同保有者になる可能性があると懸念して、私は参加していません。その代わり、提案株主が説明したいという場合には、個別に会って言い分を聞きます。賛成の場合はこちらの結論は何もいわないで「話は聞きました」と伝えるだけにし

ています。反対の場合には「ご意見は聞きましたけれども、こういう理
由で賛成はできません。反対する予定です」と伝えることがあります。
提案株主の主張の公衆縦覧は情報提供だけではなく、場合によっては説
明会のようなことにも発展する話だと思うので、そのときには機関投資
家は、もう少し他の問題への波及にも気をつけなければいけないと思う
ので付け加えておきます。

○神田　どうも有り難うございました。非常に重要なご指摘を頂いたと
思います。私も今のお話で、アクティビズムということでいえば、提案
しても、その人が1％ぐらいしか持っていないなら、結局、機関投資家
が賛同してくれなければ力にはなりません。そういう意味で私はビヘイ
ビアと呼んでいるのですが、制度論としては共同保有の定義を見直すな
どしなければいけないということもあると思います。

　他方において、平等や情報の透明性といっても、いろいろなことが起
きるのでなかなか難しくて、かといって今のままでいいかということは
あるので、少し整理する必要がありますね。

　共同保有の論点もその1つだと思うのですが、これは非常に重要で今
すごく行われている話ですよね。昔はなかった話で、資本市場にとって
も大変重要な問題だと思います。

○武井　米国でも今年2月に大量保有報告制度の大幅改正の提案が
SECから公表されていますので、そうした動向も注目されるところです。

■■　有事の総会でのクオカード交付

○加藤　株主総会における議決権行使の公正性の話についても、コメン
トをさせてください。会社側ができることと株主側ができることで差が
あるのが本当に合理的なのかという問題意識を私も持っています。ただ、
これを突き詰めて考えると、株主はクオカードを配れるけれども会社は
配れないということだけではなく、対決型の株主総会を想定したルール
が日本ではそれほど整備されていないということが本当の問題であるよ
うに思います。特に委任状勧誘合戦などが起きた場合です。たとえば議

決権行使書面と委任状の双方が使われた場合に、個々の株主の意思をどのように確認するかについて非常に難しい問題が発生します。会社と株主側が真剣に株主総会で主張をぶつけ合うことはよいことだと思うのですが、それを想定した望ましい戦いのルールのようなものをきちんと作っていくことが重要であると考えます。

○神田　どうも有り難うございました。おっしゃった点も非常に重要だと思います。

[11] 日本の株主構成に関する指摘
——「長期アンカー型株主」創設の議論等

■ 長期アンカー型株主に関する指摘

○**神田**　次に日本の株主構成に関する指摘について、武井さんから問題提起をお願いできますか。

○**武井**　先ほどから出ている日本の株主構成に関してですが、最近「長期アンカー型株主」という話が出てきています。前にも申し上げましたが、正確なところは原典のほうをご参照いただけましたら幸いです。

　まず、岡三証券の高田創さんは、①銀行を通じた株式保有が困難になり、株式持ち合いの解消も行われる中、過度に海外投資家に依存せざるを得ない状況になった。海外投資家の目ばかりを意識した議論が一般化している。海外投資家の存在は日本の資本市場に重要であり、海外投資家には日本人にない視線での企業価値を見抜く点や日本人の保有が困難な場合の分散として市場を安定化させる機能を持っている。一方、日本の投資家不在の中で株式市場へのリスクプレミアムが急上昇し、加えて日本の投資家の資産市場へのトラウマも続く中で、一層、国内投資家不在の悪循環状況になっていた、②新しい資本主義の真に重要な点は、日本国内での株式市場の保有者を作り上げることではないだろうか。海外投資家に丸投げしてしまうのでは健全な資本主義とはいえないだろう。日本国民自らが株主となって自国企業を支える発想は不可欠なものと考

えられる、③株式持ち合い解消はあくまでも「貯蓄から投資」の実現が同時に行われることが大前提で、そうした環境がない中では日本の株式市場の自壊行為ともいえる。以上の矛盾の中で、批判を浴びながらもギャップを埋めてきたのが日銀のETF買いであったともいえる。株式持ち合い解消を行う必要が生じるならば、その引き換えで、国内に株式保有が生じ得る環境整備を本格的に行う必要がある、④株式持ち合い解消だけを株式保有の受け皿の目途がない中で先行し株式を売却させてしまったことに問題があった、⑤そもそも資本主義とは株式の保有を行うことから始まったものである。資本主義の父と称される渋沢栄一氏は生涯で600社以上の会社を興したとされるが、そこでは株式会社として国内での資本を供給する投資主体の存在が前提になっている、などの指摘をされています（高田創「日本株の『脱鹿鳴館時代』から新たな資本主義へ——資産運用の時代に向けた新たな株式保有構造とは」金融・資本市場リサーチ5号（2022）107頁以下）。

　早稲田大学の宮島英昭先生は、①アクティビストの投資目的はあくまで金融パフォーマンスの最大化にあり、企業の目的の実現に長期にコミットするわけではない。日本型モデル2.0は、それと並んで企業の長期的な目的にコミットする株主によって支えられなければならない。その第1の候補は、広い意味のインサイダー、すなわち創業者、創業者家族、さらに事業法人の保有である。②もっとも日本の場合、創業者の株式保有の比重は低いから、特に事業法人の保有が鍵となる。現在コーポレートガバナンス・コードが、主として開示規制を通じて企業の政策保有の圧縮を促進しているが、事業法人の株式保有は一般的に否定されるべきではない。③事業法人のブロック保有が、今後有効な仕組みとしてワークするためには、事業法人によるコミットが、実質的なシナジーを生み出し、かつ少数株主の利益を損なわない点に関して、これまで以上に明確に説明することが不可欠の条件となる。④インサイダー保有のもう1つの可能性は、経営者・従業員の株式保有である、などの指摘をされています（宮島英昭「日本型モデル2.0に向けて——株式会社の目的・取締

役の役割・所有構造」証券アナリストジャーナル60巻2号（2022）89頁〜90頁）。

　みさき投資の中神康議社長は、日本経済新聞（2022年2月17日「十字路」）で、金融機関の政策保有株式を減らすのが本当に正しいのだろうかという問題提起をされています。「長期アンカー型株主」をどう立てるかという形で、金融機関がきちんとして、政策保有株式が産業金融の橋頭堡として価値を取り戻すことができるようにすべきではないかという指摘です。

　また慶應義塾大学の小林慶一郎先生も、最近の日本経済新聞（2022年5月2日「経済教室」）で「リード株主」の創設について指摘されています。

■ 欧州における財団の株式保有

○**武井**　次に少し毛色が異なりますが、欧州では財団の形態で中長期的に株式を保有する類型が相当数あります。たとえば、慶應義塾大学の松元暢子先生の最近のご論稿で、①ドイツや北欧諸国では、財団が大規模な会社の支配株主・支配持分権者となっている事例が少なからず存在する、②ドイツでは2000年以降、財団の設立や利用を促進する効果が期待される法改正が断続的に行われたことや、戦後に設立された同族企業の創業者の多くが世代交代のタイミングを迎えるという背景もあり、事業承継の手段として創業者が保有する株式を公益財団に譲渡する事案が増加している、③デンマークでは、財団に支配されている上場会社の市場価値が、コペンハーゲン証券取引所に上場されている会社の68％にものぼる、などが紹介されています（①松元暢子「財団による事業会社株式の保有─デンマークの状況を中心に」資本市場研究会編『企業法制の将来展望〔2021年度版〕』（資本市場研究会、2020）311頁以下、②③同「ドイツにおける財団による事業会社株式・持分の保有」資本市場研究会編『企業法制の将来展望〔2022年度版〕』（資本市場研究会、2021）339頁以下）。

■ 議決権種類株式による上場の欧米並みの活用・解禁

○武井　最後に、議決権種類株式のさらなる解禁の議論です。日本は欧米に比して議決権種類株式による上場の数が少ない状況にあります。

　たとえば大和総研の鈴木裕さんは、①「格差の縮小や企業支配の適正化のために、上場企業の株主権に制限を設けようとする、いわゆるステークホルダー資本主義に関する政策は数多い。従業員の代表者を取締役会に参加させるべきと米英の著名な政治家が提言し、人気のある経済学者は大株主の議決権を制限すべきと主張している。1株1議決権の原則のもとで、ステークホルダーへの企業価値の配分を増大させるため、株主の議決権に制限を設けようとする政策は整合的である。しかし、企業価値を増やすには、むしろ企業に愛着を持ち、業界の状況を熟知する者に経営を委ねることも効果的であろう。創業者等による企業支配を確実なものにするための複数議決権株式は、積極的な検討に値する」、②「複数議決権株式は、外部からの経営介入を受けたくないマスメディアなどの企業によって、創業者等の長期的な経営権を確保し言論の自由を守るツールとしてかつては利用された。近年は、短期的利益を求める投資家の影響を排除し、創業のビジョンや理想に基づく経営を可能にするために使われているようだ。複数議決権株式発行企業としては、ニューヨーク・タイムズ、フォード、グーグルの親会社のアルファベットなど、米国を代表する企業名が挙がる。米国が成長力の旺盛なIT・テクノロジー系企業を複数議決権株式付きで上場させ続けていることは、そうした企業をうまく上場誘致できていないロンドン証券取引所の変革を促すことになった。ロンドン証券取引所は2021年12月に上場規則を改め、最上位市場であるプレミアム市場での複数議決権株式発行企業の上場を認めた。規則改定のための検討では、"Finding the British Google"（英国版グーグルを探そう）というスローガンが用いられた。グーグルのような急成長する可能性のある企業を英国証券市場に誘致するにあたり、企業の成長をけん引する創業者等の経営権を守り、長期的な視点からの経

営を可能にするための仕組みづくりを目指している。グーグルは、創業
者等に非上場の複数議決権株式を付与しており、上場されている普通株
式を大量に保有したとしてもグーグルの経営に携わるのはほぼ不可能
だ」、③「米国では、複数議決権株式発行企業の新規上場が増加傾向に
あり、英国ではそのような企業の上場を後押しするために上場規則を改
正した。ステークホルダー資本主義と異なる方法で、格差の拡大を抑え
ながら企業の成長を実現しようとする政策だ。わが国では、複数議決権
株式発行企業の上場は、ストップしたままである。企業の成長によって
経済を活性化しようというならば、複数議決権株式の活用を考えてもよ
いのではないか」等と指摘されています（鈴木裕「複数議決権株式にみる
企業ガバナンス上の問題——ステークホルダー資本主義との対比」大和総研
調査季報46号（2022）16頁以下）。

　岩井克人先生は、①「バークシャー・ハサウェイ（Berkshire Hatha-
way Inc.）と Google（Alphabet Inc.）の共通点は何かと学生によく問う
のですが、それはともに種類株を使っているということです。バーク
シャー・ハサウェイというと、ウォーレン・バフェット（Warren Buf-
fett）の投資会社であり、最も成功している投資会社です。その株主総
会では、何万人の株主が、どこかの大きな会場でバフェットの演説を神
託のように聞いて熱狂するわけですが、彼らはＢ株所有者で、Ａ株の
１万分の１の投票権しかない。Ａ株は、バフェットやその寄付を受け
たゲイツ財団等が所有しています。株主がいくら熱狂しても、経営に対
して何の影響力もないのです」、②「バフェットは、自分の投資のホラ
イズン（投資期間）は無限だとかいっていますが、要は投資会社として
生き残るためには長期的な投資をしないといけないということです。そ
のためには、株主を黙らせる必要があると考えているのです。金融資本
の中心にある会社が、そうなのです」、③「それをまねしたのが Google
です。Google は Ａ株、Ｂ株、Ｃ株まであります。Ａ株はナスダックで
取引されていますが、Ｃ株というのは投票権がゼロです。Ｂ株は創業者
であるラリー・ペイジ（Larry Page）とセルゲイ・ブリン（Sergey Brin）

が主として保有しています」、④「つまり、最も株主資本主義だといわれたアメリカで、ポスト産業資本主義の時代にフロンティアで活躍している企業は、むしろ株主を黙らせているのです。もちろん株主との対話はしますが、それは意見を聞いておくだけにすぎません。株主に経営には絶対にタッチさせないことで、短期的な視野を決して導入させないようにしているのです」、⑤「ポスト産業資本主義で、金融がこれだけ重要になってきて、物言う株主も多数登場してきたなかで、それでも長期的に成長していく企業があえてとっている策がこれなのです。本当はこれを後押しするような政策を日本政府が導入してくれることを望んでいます」と指摘されています（岩井克人＝スズキトモ＝清水剛「〈座談会〉『会社は誰のものか』再考─『新しい資本主義』が目指す分配の適正化」企業会計74巻5号（2022）101頁）。

　以上のような株主構成の変動に伴ういろいろな論点に関して、日本は選択肢が狭すぎとなっていないか、何か新たに考えられることがないか等についての問題提起となります。

■■ 米国にもある政策保有株式（？）

○神田　どうも有り難うございました。まず私から少し自分のエピソードを議論の材料として申し上げます。

　私は学界で世界の12の大学と毎年、コーポレートガバナンスの国際会議を持ち回りで行うことに関与してきまして（GCGC：Global Corporate Governance Colloquia。商事法務2138号（2017）52頁〜53頁参照）、今はもう引退しているのですが、2018年6月にハーバードロースクールがその場になり、そのときに武井さんがおっしゃった問題の両方が話題になりました。

　前者の問題のほうでいうと、アメリカの私立大学はみなそうなのですけれども、ハーバード大学は非常に大きな基金というかお金を持っていて、ハーバードの基金を運営している運営委員会の委員長を当時務めていたのがハーバードロースクールのフェレル教授でして、彼が会議に出

てきていろいろ話をして、参加者から「あなたのところはどういう運用方針で、どこの株を持っているのですか」という質問が出ました。当時はやりのリスク・リターン以外で持っていいかというアメリカで著名な論点があったものですから。フェレル教授は「いや、あまりリスク・リターンを考えないで株を持っているのですよ」というので、「では何を考えて持っているのか」と質問者が詰め寄ったら、「いや、それはやはり長いお付き合いとか、そういうことがあって持っている」というのです（笑）。

　私はこれぞアメリカの政策保有株式だと非常に感激して聞いていましたら、誰かが「いや、そんなことをしたらフィデューシャリー・デューティ違反ではないか」と指摘したのです。そうしたら、その場にアメリカの信託法の権威でハーバードロースクールのシトコフ教授もいて、シトコフ教授いわく、「いや、違反にならない。ERISA法なら違反になるが」というのです。彼は「年金運用者であればフィデューシャリー・デューティは強行規定だから、リスク・リターン以外の要素で株を持ったら違反だ。しかし、年金基金以外はフィデューシャリー・デューティは当事者間の合意で緩められる。ハーバードの基金にはERISA法の適用はない。だから、そこはそこで決められた範囲でリスク・リターン以外の考慮をしてもいい」とおっしゃって、実際には緩めるという表現は使われなかったのですが、私はなるほどと妙に納得したことを思い出しました。

■■ 議決権種類株式を投資対象から外すべきなのか否かも単純な議論ではない

○神田　武井さんの２つ目の議決権種類株式の話ですが、同じ国際会議で、S&Pのインデックス（指数）の責任者の人が石炭などに関与している企業はS&P500に入れていないという話をしたのです。そうしたら、ハーバードロースクールのベブチャック教授らもその場にいたのですが、いろいろな議論の中で、ある参加者から「だけど、そんなことをいった

ら、GAFA のうちの Google と Facebook は議決権種類株式で、ザッカーバーグさんが生きている間は誰も支配権を取れない。こんなのはおかしいのではないか。なぜ S&P500 から外さないのか。石炭を外すのだったら、これも外すべきではないか」という質問が出されました。

　S&P の人は非常に答えに窮して、何を答えていたのか私にはよく理解できなかったのですが、要するに一言でいえば、Google や Facebook を外さないのはよい会社だからだという答えだったように私は理解しました。そんなものかなと（笑）。

　本当はもう少しきちんとした議論をしなければいけないのでしょうから、後者のほうでいえば、たとえば出口というかサンセット条項やフィデューシャリー・アウト条項などの手当ては一応していますよね。ですから、日本で議論する場合に、そこがきちんとされているのかどうかとか、そういったルール作りが必要で、そのようなルールを作った上でどうかということになるかなと感じました。エピソード的な話で恐縮ですけれども。

▓▓ 政策保有株式縮減の今後について

○児玉　政策保有株式について皆様のご批判を覚悟の上で、私の思いを述べさせていただきます。おそらく、企業としては、営業的な意味合いで持っていた政策保有株式を理屈抜きで手放せる時代がやって来たと比較的歓迎する方が多数を占めるのではないかと思います。株式売却益が出るわけですから、経営としては政策保有株式の売却を「やろう、やろう」という動きなのだろうと思います。

　法務的に株主総会運営の責任者という立場からすると、なぜ政策保有株式を手放せという議論になってしまったのだろうという残念な思いでした。Google などのアメリカのやり方は日本にはかなりハードルが高いので難しいだろうなと思っていたところに、政策保有株式がなくなってしまう。日本企業が安定した経営をしていくときに、何が拠り所になるのだろう、おそらく何もなくなるのではないかなという不安が残りま

す。本当にしっかりした経営をして、ショートタームであれ、ロングタームであれ、とにかくすべての株主の方に認められることがすべてという時代に突入するのだなという思いでいます。本座談会の趣旨からは外れた、まったく個人的な意見ではありますが、日本企業の将来の姿としてそれが果たして正解なのだろうか、長く海外でアメリカ企業のあり方を間近でみてきた私としては、どこか納得のいかないところがあります。

○神田　有り難うございました。三瓶さん、いかがでしょうか。

○三瓶　児玉さんとは違う観点からの意見を申し上げますが、今、日本では多くの個人が米国株を好んで買っていて、日本株など買っていないのです。ですから、日本人に日本企業の株主になってほしいというのは、どこにも合理的な理由はないのではないかという感じがします。むしろ、海外の多くの人から「日本企業いいね」といって株主になってもらうほうがいいのではないかと感じています。

　スチュワードシップ・コードやコーポレートガバナンス・コードが策定される随分前の2003年ごろから、私は政策保有株式について保有リストを１つ１つみながら、この会社の株式をどうして保有しているのかということを企業に聞いていますが、理由が明確に説明されたことはまずないです。企業の方が音を上げて「もう昔のことだから理由はわからないです」といわれることもあり、たまに理由がある場合にも、取引上の不備等があり、菓子折りを持って謝りに行ったら「菓子折りなんて要らないから株を買え」といわれたということでした。それについて「時効はあるのですか」と聞いたら、「時効はありません。買ったら、もうそれは売ってはいけないのです」という説明しかないのです。ですから、保有していることについての説明や判断ができる責任者や担当者が誰かも曖昧で、いわば放置しているということ。さらには、コーポレートガバナンス・コードで縮減と明記されたときに、「実はもっと厳しくルール化して、絶対に売れといってくれたほうがよかった。そうしたらさっさと売れたのに」という現場の方のご意見を聞いたりして、私たち機関

投資家には正当な保有継続の理由がさっぱりわからないです。

■■　欧米での財団の活用

○三瓶　欧米ではよく議決権を財団に預けるということをみてきました。グループ会社等で使われる手法で、特定の会社へ出資しているが連結対象や持分法適用会社にしたくない場合などは公益財団等に議決権を持ってもらいます。欧米ではこういう方法が与党株主工作としてではなく使われることがあります。

■■　議決権種類株式は企業を成長させる経営力がある経営者 なのかどうか次第

○三瓶　種類株式のところで、先ほど神田先生がS&Pの方との話をご紹介されたときに、まさに私が思ったのと同じことだと思ったのですが、結局、秀でた能力のある類いまれな経営者が頑張ってその会社を成長させようとしているときは、正直にいって、議決権がそこに集中していようが何だろうがどうでもいいのですよね。本当にその会社を成長させてくれればそれでよくて、そのことができるのは非常に類いまれなその方しかいないとなれば、その方に思う存分やってもらえばいいということです。

　ガバナンス的な何かのバランスをとるというのは実は二の次で、企業を成長させてくれればよくて、その才能がある人はこの人しかいないというのであればそれでいいということは、はっきりしていると思います。

　ですから、S&Pの方がロジカルに説明するのには非常に困ったかもしれませんが、「よい会社だから」というのは、それしかいいようがなかったという部分があると思うのです。逆にいうと、何かの仕組みを作ったり、インセンティブを作れば、普通の経営者がものすごく能力を発揮して素晴らしい企業にできるか、経営ができるかというと、そんなことはないと。とてつもなく優秀な方というか、熱意があって、発想があって、社員を鼓舞して引っ張る方がいたら、その方にやってもらうの

が一番よくて、そういう方は稀にいるので、明白な利益相反が起こってとんでもないことにならないかどうかは注意しつつ、そういう方にお任せすればいいのだというのが投資家の本音なのではないかと思います。

○神田　有り難うございました。では、加藤さん、お願いします。

■ 政策保有株式縮減後の今後の株主構成のあり方

○加藤　株主構成の話については、前にも申し上げましたが、政策面としては株式持合いの解消と政策保有株式の減少がまずは優先されて、では誰が穴埋めをするかというところは、いわば市場メカニズムに委ねられているというのが現在の状況だと思います。それが一体どこに落ち着くのかというのはわからない中で、実際に株主総会の運営などをしている方の立場を考えると、安定株主と呼ばれている人たちがどんどん少なくなってくる中で、株主総会の運営に不安感があるというのは、非常によくわかる部分もあります。

　では、企業が株主構成を決めることができるのか、もしくは決めていいのかという視点から問題を分析してみると、たしかに、誰が株主であるか、どういう人が株主になっているかということに会社の経営方針は影響を受けるとは思うのです。ですから、ある会社の経営方針にふさわしい株主構成というのは多分あるのだとは思うのです。ただ、それをどうやって見つけるか、たとえば経営者がそれを見つけることができるのかというと、私は個人的には、経営者や取締役会が株主構成に直接手を突っ込むのは自己保身と利益相反の問題があることに注意が必要であると考えます。現在でも自分の会社の経営方針は開示することができるわけで、その経営方針に賛同してくれる人に株主になってほしいという形ではアピールすることができるわけですよね。それを超えて経営者や取締役会が望ましい株主構成を達成する方法があったほうがいいのかどうかというのは、慎重な検討が必要とされる事項です。

　議決権種類株式は、そのような望ましい株主構成を達成する1つの方法なのかもしれません。ただ、議決権種類株式の位置づけについては、

私は三瓶さんの意見に賛成で、結局、議決権種類株式は、ある会社の企業価値と創業者の存在や能力が切り離せないような場合に使われてこそ意味がある仕組みなのだと思います。ですから、実際に議決権種類株式を買っている人というのは、会社に投資しているのではなく、その創業者に投資しているのだと思うのです。そういう場合には意味がある仕組みだと思うのです。しかし、議決権種類株式によって創業者に非常に強い力を法的に保障することは、当然メリットもあればデメリットもあります。そのようなデメリットに対して何らかの制度的な対応が必要になると思います。それを日本では東京証券取引所の上場規則でやっているわけです。東京証券取引所の上場規則に従って議決権種類株式を利用する上場会社は、CYBERDYNEしかありません。これが、規制が厳しすぎるからCYBERDYNEしか使えていないのか、それとも、三瓶さんがおっしゃったように、議決権種類株式を発行した上で上場することに対して、投資家の理解を得られるような創業者がいなかったからなのかというのは、評価が分かれるのではないかと思います。このほかに新興企業およびその創業者の資金調達や資本回収の手段として上場以外の選択肢がどの程度存在するのかも、議決権種類株式の利用に影響を与えているかもしれません。しっかりと研究しているわけではありませんが、上場以外の選択肢が豊富に存在する場合には投資家に対する新興企業やその創業者の立場が強くなるので、議決権種類株式を利用しやすくなるという状況が発生するのではないかと考えています。ただ、このような状況では上場審査等を通じて議決権種類株式の弊害を防止する措置の実施を確保することが難しくなることが懸念されますので、東京証券取引所の上場規則の役割が増すようにも思います。

■ 多様な投資対象を認めるべき

○神田　どうも有り難うございました。政策保有がなぜあるかというのは、1960年代の外資自由化の後の対策として、いわば、みんなでよくわからずに、当時の迎合的なこととしてできたというふうに歴史的にはい

われているのですが、たしかに、その先の展開はあまり定かではないということがあると思います。

　それから、学界でどのように議論するかということを1つだけいいますと、グローバルな学界の場で議論しますと、安定株主がいたほうが企業は成長し、企業価値が高まると考える会社があれば、それはそれでいいではないかと。お互いに50％ずつ持ち合ってもいいし、20％ずつ持ち合ってもいいし、ただ、そういう企業は投資家が評価しないかもしれないので、そういう企業についてはそうでない企業とマーケット（株式市場の区分）を分けて作っておいて、あとは投資家が選べばいい、最後に決めるのは投資家でしょうという議論をわりとします。

　ですから、議決権種類株式も似たような話なのですが、どれが駄目で、どれがいいということよりも、結局、投資家の判断に任されるのが証券市場ですからという議論の仕方をします。日本において、国の政策なども含めた上での制度論を一歩先へ進めていこうとすると、いろいろな議論をきちんと整理して進めていく必要があるし、そういう議論ができたらいいなと思います。武井さん、いかがでしょうか。

○武井　株主構成の話はずっと昔からあって、最近はその問題意識がより先鋭化してきているのだと思います。そもそも政策保有株式という株主の特定の属性にターゲティングした制度論がいいのかという論点もありますが、政策保有株式を減らせばよいという単純な話でなく、総合俯瞰的に考えていく必要がある。そうした中でいろいろな新たな指摘なり制度論が、法学に限らないいろいろな観点から提示されてきている状況なのだと思います。

　あと、議決権種類株式のところは、投資の多様性の観点から、日本でもあまり過度に制約的に考えないで、今後さらにいろいろな議論が出てくることを期待します。

　さらに今年5月下旬には政府から、個人金融資産を全世代的に貯蓄から投資にシフトさせるべくNISAの抜本的改革等を検討するともアナウンスされています。日本証券業協会からは従業員持株会の拡充なども提

言されています。

　日本の上場企業側が中長期の企業価値向上の成長の姿を示すこと、企業や事業の成長ステージに応じて何を中長期の投資家が期待しているのかを経営者側がわかって発信することが重要で、そこに日本人等が期待をして株主になる流れが重要であることはいうまでもありません。人的資本に関する各種政策もリアルタイムで進められていますが、本座談会でも取り上げましたとおり（65頁以下参照）、無形資産に対する企業側の過小投資をなくしていくことも重要です。無形資産への依存度が高い欧米企業は、研究開発費用等を調整したいわゆる Non-GAAP 指標も開示して、利益の質を中長期の機関投資家等に訴求しています。さらには、ターゲティングする投資家のタイプについても、各上場企業としての分析・戦略が必要だと思います。

　　［後注］　2022年7月19日に公表された経済産業省 CGS ガイドラインの改訂版と共に公表された「CGS 研究会（第3期）における『今後の検討課題』」（https://www.meti.go.jp/policy/economy/keiei_innovation/keizaihousei/pdf/cgs/agenda2022.pdf）においては、「日本では事例の少ない議決権種類株式の活用につき、企業における中長期的な戦略実現や資本市場活性化の観点、長期保有株主を優遇する観点から、検討していくことも必要ではないか」と言及されている。

12 上場会社法制をめぐる最近の論点

1 金融審議会のディスクロージャーワーキング・グループ（開示法制関連）

○神田　最後に、上場会社法制をめぐる最近の論点についていくつか私のほうから問題提起します。

　1つ目の問題提起は、金融審議会のディスクロージャーワーキング・グループでの各種の議論についてです。もちろん、一番正面の議論はサステナビリティ開示で、その次は四半期開示というテーマなのですが、私は、今回の座談会のテーマとの関連でも重要なのは、ガバナンス関係の契約や合意の開示ではないかと思っています。

　より広くいうと、「重要な契約」など、いろいろな言い方をしますが、そういうものの開示が現在の日本の制度ではほとんどありません。アメリカはすべて別添方式で開示されるのですが、日本にはそういうものはありません。重要な株主との間の合意や、アクティビストを含めて株主は会社との間でいろいろな合意をするわけですから、それはやはり他の株主や市場に大きな影響を及ぼすので、どこまでということはあるにせよ、少なくとも外国では開示しているので日本でも開示を求めていいのではないかと考えられます。意外と日本では抵抗が強いですよね。外国では開示されているのに。ですから、このあたりは私は大きく遅れてい

るので進めるほうがいいと思っているのですが、どんなものなのかなということがあります。

　なお、四半期開示制度については、四半期報告書と四半期決算短信の制度を後者に一本化しましょうという大きな方向性が示されています。短信開示のルールに違反したらどうなるかなど、各論はいろいろあるので、そこはまた今後議論しましょうということになっています。

　［後注］　DWG報告書が、2022年6月13日に公表されている。

○児玉　ガバナンス関係の契約や合意の開示は、いずれ日本が避けて通れない論点であることは疑いのないところです。これは実務でも、海外企業の買収交渉の過程で合意した、本契約前の細かな契約がある場合などに問題化することがあります。まだ開示対象にならないと油断した合意内容が、海外でまず開示されてしまうことがわかって、慌てて日本でも対応したというエピソードは、実は結構あると聞いています。これなどもグローバルスタンダード化することが望ましいという個人としての意見は持っていますが、企業人としての立場で申し上げますと、現場の抵抗感はかなり強いだろうなと感じます。残念ながら、なぜ抵抗感が強いと感じるのかをうまく説明することはできませんが。

○三瓶　企業・株主間の合意の開示等は、本当に重要だと思います。その根底にあるもっとベーシックなスタンスというのは、日本企業がもう少し、バッドニュースファーストの気持ちでなければならないことです。たとえば社内では、コミュニケーションの要諦として「報連相」を仕込まれていると思います。ですから上司には早めに「対応済みです」とか「こういう状況です」ということを報告すると思いますが、その感覚で、目にみえない株主にも懸念が広がる前に伝えるというスタンスが欧米企業には定着していると思います。何かが起こったときに、疑心暗鬼になっている株主たちを早く安心させるために情報開示する。そういった姿勢が備わっているのです。そうしたスタンスへの転換が、ルール以前により重要な課題ではないかと考えます。企業・株主間の合意に関して、もしかして秘密裏に合意していることがあるのではないかという憶測や

懸念を生じないよう、適時に公明正大に開示するスタンスの重要性を理解した上で開示がルール化されれば実効性を備え市場の信頼につながるのではないかと思います。

○**加藤**　ガバナンスに関する重要な情報の開示、合意の開示について、私も三瓶さんや神田先生と同じような意識を持っています。実際にガバナンスに関する合意が上場会社や株主や株主間でされていることによって、その会社が、たとえば株主総会でどういう意思決定がされるのかとか、経営者と株主の関係が変わる可能性があるので、できるだけ重要な部分は開示するというのがいいのではないかという気がしています。

○**武井**　米国ではいわゆるスタンドスティル契約が幅広く公表されていますが、こうしたスタンドスティル契約の締結が、本座談会のボード3.0の箇所でも少し議論となりました、取締役を送り込んだ投資家株主が不当な利益を上げて他の一般株主が害されるような事態を抑止する、一定の重要な役割を果たしているという議論もあります。日本でも重要なイシューだと思います。

　［**後注**］　DWG報告書では以下のように述べられている（DWG報告書31頁以下）。

　1.「重要な契約」の開示

⑴　「重要な契約」の開示を巡る状況

　有価証券報告書では、企業が「重要な契約」を締結している場合、【経営上の重要な契約等】にその概要を記載することが求められている。また、借入金や社債等に付された財務上の特約（コベナンツ。財務制限条項等が含まれる）のうち、投資判断に重要な影響を及ぼすと認められるものについては、財務諸表への注記が求められている。

　前回ワーキング・グループ報告において、我が国における「重要な契約」に関する開示は、同様の制度を有する諸外国と比較して不十分であると指摘されたが、現時点においてもその状況は大きく変わっていない。

日本と諸外国との間で、法令上の規定に大きな差がないにもかかわらず、実際の開示状況に差が生じている背景としては、
・　「投資判断にとって重要（material）な契約」が開示対象であることが、十分実務に浸透していない
・　明示的に開示が求められていなければ開示不要との受止めの下、企業が開示に消極的になっている面がある
といった指摘がある。

　こうした指摘を踏まえ、個別分野における「重要な契約」について、開示すべき契約の類型や求められる開示内容を具体的に明らかにすることで、適切な開示を促すことが考えられる。当ワーキング・グループでは、「個別分野」として、
・　企業・株主間のガバナンスに関する合意
・　企業・株主間の株主保有株式の処分・買増し等に関する合意
・　ローンと社債に付される財務上の特約
を取り上げ、検討を行った。

⑵　企業・株主間のガバナンスに関する合意

　企業と株主間のガバナンスに関する合意は、一般に、当該企業のガバナンスや支配権への影響が大きく、投資判断に重要な影響を及ぼすことが見込まれ、適切な開示が求められる。

　有識者へのヒアリング等によれば、企業と株主間のガバナンスに関する合意としては、以下の類型のものがみられる。
(i)株主が会社の役員の一定数について、候補者を指名又は推薦する権利を有する旨の合意（役員候補者指名権等の合意）
(ii)株主による議決権行使に一定の制限や条件を付す内容の合意（議決権行使内容を拘束する合意）
(iii)提出会社による一定の行為（新株の発行、組織再編行為等）につき、株主の事前の承諾や協議等を条件とする内容の合意（事前承諾事項等に関する合意）
　特に、上記(i)、(iii)は、株主平等原則との関係においても開示の必要性が高いと考えられる。

　企業の開示状況をみると、株主側が大量保有報告書（株主が大量保有者の場合）や海外の開示書類において合意内容等を開示しているに

もかかわらず、企業側の開示において、
・　当該合意の存在が示されていない事例
・　当該合意の存在はうかがえるが、その具体的内容が示されていない事例
もみられる。

　こうした状況を踏まえると、少なくとも前記3類型の合意を含む契約が企業と株主との間で締結されている場合、「重要な契約」として当該契約の内容等の開示が求められることを明確化すべきである。

　その場合における開示内容としては、
・　契約の概要（締結日、契約当事者、契約の主要項目、当該合意の具体的内容等）
・　合意の目的
・　当該契約の締結に関する社内ガバナンス（特に、取締役会における検討内容）
・　企業のガバナンスに与える影響（影響を与えないと考える場合には、その理由）
等を記載すべきことを明確化すべきである。

(3)　企業・株主間の株主保有株式の処分・買増し等に関する合意

　企業と株主間の株主保有株式の処分や買増し等に関する合意は、その株式保有の規模や合意内容等に応じ、市場に影響を与え、投資判断に一定の影響を及ぼすことが見込まれることから、それを踏まえた適切な開示が求められる。

　有識者へのヒアリング等によれば、企業と株主間の株主保有株式に関する合意としては、以下の類型のものがみられる。
(i)企業の事前の承諾なく第三者への譲渡その他の処分を行うことを禁止する内容の合意（保有株式の譲渡等の禁止・制限の合意）
(ii)株主に対し、一定の出資割合を超えることとなる発行済株式の買増しを禁止する内容の合意（保有株式の買増しの禁止に関する合意）
(iii)株主が出資比率に応じた株式引受権を有する内容の合意（株式の保有比率の維持の合意）
(iv)契約解消時に保有株式の売渡を請求することができる内容の合意（契約解消時の保有株式の売渡請求の合意）

企業の開示状況をみると、ガバナンスに関する合意と同様、株主側が大量保有報告書等で開示しているにもかかわらず、企業側が開示していないケースがみられる。また、契約締結当初は株主保有株式に関する合意の存在が開示されず、企業と株主との間の紛争が顕在化した段階になって初めて当該合意の存在が開示される例もみられる。

　こうした状況を踏まえると、少なくとも前記4類型の合意を含む契約が企業と株主との間で締結されている場合、「重要な契約」として当該契約の内容等の開示が求められることを明確化すべきである。

　その場合における開示内容としては、
・　契約の概要（締結日、契約当事者、契約の主要項目、当該合意の具体的内容等）
・　合意の目的
・　当該契約の締結に関する社内ガバナンス（特に、取締役会における検討内容）
等を記載すべきことを明確化すべきである。

　なお、具体的な開示内容については、株式保有の規模等に応じて開示の有用性が変わることも想定されることから、例えば、株式保有比率が一定水準以下の場合に開示内容を簡素化するなど、段階的な措置を検討することも考えられる。

2　有価証券報告書と事業報告との関係／総会日程／12月決算等

○神田　続いて、金融審議会のディスクロージャーワーキング・グループでは、有価証券報告書の総会前提出を推奨しています。

　私も情報開示ということでいえば有価証券報告書が一番の基本書類なので、「有価証券報告書の復権」というコラムを書いたりして、有価証券報告書を中心に制度を整理していくということを提唱してきましたが、詳しいけれども長すぎて読む人がいないといわれたり、いろいろなことはあります。

　開示項目の調整は非常に努力して行われてきているのですが、何と

いっても会社法と金商法の制度自体が重複しているので、制度上は監査も2度しなければいけません。実質的には同じ監査法人が一度で行っているのですが。会社法上の書類は、単体ベースとはいっても連結も作るのですが、定時株主総会に提出して、それには会計監査人（監査法人）の監査報告と監査役会等の監査報告を付けなければいけません。有価証券報告書のほうは、もちろん監査人の監査は必要ですが、総会後に提出している会社が多いという中で、2つの制度がほぼ完全に重複していると思うのです。ですから、思い切っていえば、有価証券報告書を総会前に提出できるのであれば、一定の条件と範囲の下で会社法上の書類に代えるというぐらいのことはできないのだろうかというのが私からの問題提起です。

　ただ、その場合には、監査人監査だけではなく、総会前に監査役会等（「等」というのは監査等委員会・監査委員会を含む意味）の監査も済ませてとなるので、現在の実務では多くの上場企業にとってそれはなかなか時間的に厳しいと思います。そこで、昔からよく、3月決算会社でいえば定時株主総会は7月末にやればいいという指摘があります。ただ、私の個人的な感触で、また法律論ではないのですが、株主総会の事務局のことを考えると、6月で終わってもらわないと、7月末まで仕事をして終わって夏休みでは疲れてしまうので（笑）、日本人の生活リズムに合わないと思うのです。

　そこで私は、12月決算へ移行ということを数年前から提唱しています。12月決算に移行すれば、5月の連休ぐらいまでの間に全部終えることができますので、それからゆっくり休みも取れますし、何といっても第1四半期決算問題がなくなりますよね。それと諸外国とも揃う。実際に、IFRS採用会社で12月決算に移行する会社もあります。

　そういうことで、私は2、3の企業の方にお聞きしたら、担当者は「いや、そんなことをおっしゃるのなら、3月決算のまま6月に有価証券報告書を総会の前に提出しますよ」とおっしゃるのです。そのほうが楽だと。今どうしているかというと、ある大企業などは、6月下旬の招

集通知を5月上旬頃にウェブに上げています。その時点で有価証券報告書の作成はまだ終わっていないのですが、6月上旬には間違いなく終わるのだと思います。しかし、上場会社は4,000社弱、有価証券報告書提出会社は4,500社程度あり、東証上場会社でいうと3月決算会社は2,000社を超えています。ですから、全部の企業でこのスケジュールで監査人の監査をやるというのは無理だと思います。今のままで6月の総会開催をキープしながら総会前の有価証券報告書開示というのは、やはり限界があると思います。やれる会社があることは間違いないのですけれども。ですから、総会を7月に持っていくよりは、私は12月決算かなということを提唱しています。

○児玉　決算時期の議論は、たとえば、大学の入学時期を9月に変更すべきではないかといった議論と似通った論点があると思っています。実は、海外で大型企業買収をするたびに、PMIの一環として、親会社となる日本の決算は3月、子会社となる海外の決算は12月という問題に直面してきています。M&Aを担当する一法務部員であった時代には、日本も早く12月決算にしてくれたら楽なのにと思っていました。企業の一員としてではなく個人の意見としては、グローバルスタンダードに合わせていくのがよいというスタンスでまったくぶれていないのですが、たとえば、財務部門のような企業の現在の実務を前提として話をしますと、この変更は相当大変な実務変更になるというのが大半の企業側の反応だろうと思います。おそらく、だからこそ、今神田先生からご紹介のあったようなエピソードが出てくるのだと思います。理屈の問題というよりも、どこかで日本中が腹を括って、エイヤで変革に乗り出せるかという議論のような気がしています。

○三瓶　私は、12月決算には大賛成です。海外子会社との決算期のずれ解消など、たくさんの理由があります。もし制度開示が四半期から半期となったときに、日本の半期のタイミングが世界と3カ月ずれるというのは、情報の流れ・注目度・リスク管理などにおいて日本側の不利益が大きいと思います。フェア・ディスクロージャー、インサイダー情報な

どの懸念から、日本企業に対する情報収集を通じたコミュニケーションが減り日本市場への注目度低下にもつながる可能性があると考えます。半期や本決算のタイミングが世界と合うということは、インサイダー情報、フェア・ディスクロージャー等の観点からもとても大事なことです。

　さらに、人事異動が学校との関係で4月1日というのがありますね。人事異動と決算が重なっていると、人は代わるし、いろいろなことが仕切り直しになるので、投資家からすると1つの懸念です。12月決算にして、人事異動は4月1日でというほうがはるかにいいです。その結果、株主総会時期までの余裕ができるとか、有価証券報告書が総会前開示になるとか、KAMもありますから、いろいろ考えると、12月決算にしたほうが、もう少し滑らかになるかなと思います。

○加藤　有価証券報告書と事業報告の話については、上場会社による情報開示が会社法と金融商品取引法の2本立てになっている点に非効率があることは否めず、この解消は可能な限り進めるべきであると考えます。12月決算については、6月の定時株主総会の最集中日における集中率は漸減傾向にあるとはいえ、6月下旬に集中している状況に変わりはなく、12月決算の会社が増えればこのような状況が変化することが期待できます。ただ、決算時期について気になるのは、個々の上場会社の事業の特徴によって、3月決算と12月決算で経営方針や投資家に対する情報開示の内容に何らかの変化が生じるか否かです。三瓶さんのご指摘とも関係しますが、四半期決算が法定開示から外れることによって、3月決算と12月決算とで上場会社の行動や投資家に対する情報開示の姿勢に何らかの変化が生じるのか分析する必要があるように思います。

○武井　IFRS採用会社を含めて着実に12月決算を採用する社数が増えてきています。この話も4,000社超を射程にして議論するのか、それとも欧州のガバナンスコードの施策のようにもう少し社数を絞ったところを念頭に置いて考えることもあり得るのかもしれません。最近はTOPIX500からの分析をみかけることも増えてきました。あと有価証券報告書と事業報告との関係について、有価証券報告書の法的責任につい

てやや硬い部分があるところをある程度柔らかくする工夫も同時に検討することが考えられるかと思います。

3　サステナビリティ活動における善管注意義務の解釈（取締役、アセットマネジャー）

○神田　次は、先ほども少し申し上げたことに関係するのですが、サステナビリティ活動というのは結局、株主の利益とは別次元のものというか、中長期的には株主の利益につながるかもしれませんが、そういう活動を企業がしたときに、取締役の善管注意義務との関係でどうですかという質問を必ず受けます。ステークホルダー主義ということについても同じ問題があると思います。

　第1に、株主以外のステークホルダーの利益を図る行動をとった場合に問題にならないかという論点です。これは私の感触では、児玉さんがいつもおっしゃっていることかもしれませんが、利益相反がある場合は別として、善管注意義務はすごく裁量の幅があるので、企業が応分の寄付をしてもいい（取締役の善管注意義務違反にはならない）ということは確立しているわけですから、非常に大雑把にいえば、何をやっても善管注意違反にはならないと思うのです。ただ、そのあたりについては企業の方からよく聞かれるので、皆様のご感触を伺いたいです。

　第2に、アセットマネジャーの善管注意義務についてです。アセットマネジャーは、先ほどのシトコフ教授の発言にも関係しますが、ベネフィシアリー（受益者）がいますので、もしフィデューシャリー・デューティ（運用に関する善管注意義務）が強行法規だということになると、リスク・リターンの判断の中でするのはいいのですけれども、それ以外の要素で投資判断をしていいかという点については、強行規定でなければ相手の同意があればいいという整理をアメリカはするわけです。相手というのはアセットオーナーということになりますが、そのあたりを日本で今後どのように考えていけばいいかということについて、ご意

見をお聞かせいただければと思います。

○児玉　神田先生がおっしゃってくださったとおり、私はこの点をいつもビジネスジャッジメントルール（経営判断原則）として結論に至るプロセスを大切にすべきだと力説しています。善管注意義務よりも、いわゆる経営判断原則が反映されるようなプロセスのほうが大切だと思っています。神田先生が企業側からこうした質問をたくさん受けておられるということは、裏を返せば、以前も申し上げましたが、やはり実務界の法務側が、プロセスの重要性についてもう一度認識すべきとの思いを強くするところです。ですから、これを機会に、もう少し実務界でも、イエス・ノーではなくてそこに至るプロセスこそ重要という認識が広まればと思います。

○三瓶　サステナビリティ活動ですが、まずアセットマネジャーのフィデューシャリー・デューティとの関係でいうと、欧州は先駆けてフィデューシャリー・デューティの問題を乗り越えたと思います。アメリカでもたとえばCFA協会（Chartered Financial Analyst Institute）で、これからのアナリスト、CFAの資格を取る者は、サステナビリティを考慮できなかったら不十分だというふうに変わってきています。2019年に英国CFA協会（CFA Society UK）が設けたESG投資の認定資格制度（Certificate in ESG Investing）を2021年にはアメリカにあるCFA協会本部が譲り受け国際的な資格として展開し始めたぐらいですから、アメリカもフィデューシャリー・デューティの問題を乗り越えているのだと思います。

　次に、企業がサステナビリティ活動をすることによって、いろいろな面で少なくとも当初コスト高になることがあり、利益の最大化と相反するのではないかということが指摘されるのですが、今、世の中は、効率至上主義から、長期的に考えて目先の効率に優先する事項がさまざまあるときには、そのコストは許容するという考え方に変わってきていると思います。長期的に成長していくためには必要だという理解だと思います。端的にいえば、足元のキャッシュフローを最大化するがサステナビ

リティ対応をしない場合、取引先・社会から受け入れられなくなるリスク、または後に多大なコストを払い対応する必要性が生じる可能性があるため、将来キャッシュフローの予想は急減し、そうした将来の不透明性が市場に嫌気され資本コストが高くなる。これに対し、当面はコスト高になるがサステナビリティ対応をしっかり行っている場合、将来も持続的に成長できる見込みがあるので、将来キャッシュフローは徐々に改善するまたはピークアウトは先になると予想される。将来のキャッシュフロー、事業の成長に期待を持てるので資本コストは相対的に低位安定する。後者の企業価値のほうが前者より高くなる可能性があるため、フィデューシャリー・デューティに抵触しないということです。企業に対して、このような合理的なサステナビリティ活動を期待するのであって、その限りにおいては善管注意義務違反に当たるという指摘はまず出てこないと思います。

○加藤　サステナビリティ活動における善管注意義務は、取締役とアセットマネジャーの双方について問題になると理解していますが、共通点だけではなく、何らかの差異があるのかについて興味があります。取締役もアセットマネジャーも、株主や顧客の財産、すなわち、Other People's Money の管理者である点が共通します。サステナビリティ活動における善管注意義務とは、Other People's Money をサステナビリティ活動に用いることが許される範囲や Other People's Money の管理においてサステナビリティを考慮することが許される範囲、すなわち、株主や顧客にとってのサステナビリティ活動の許容範囲の問題であると思います。

　アセットマネジャーについては、印象を述べているにすぎないだけなのですが、サステナビリティ活動の許容範囲は具体的な顧客の意思によって定まる部分が大きいように思います。別の言い方をすると、サステナビリティ活動の許容範囲に対する顧客の意思が必ずしも明確とはいえない場合には、投資リターンの最大化に資する範囲でしかアセットマネジャーがサステナビリティを投資判断において考慮することは許され

ないのではないかということです。そのような範囲を超えるサステナビ
リティ活動は、顧客の期待するものではないとも表現できるかもしれま
せん。一方、比較的最近公表された研究の中に、アメリカにおいて
ESG投資の拡大を促している要因の1つとして、近い将来に起こるこ
とが予想されている世代間の財産移転の移転先であるミレニアル世代は、
移転元である世代よりも社会的な公正さ等を重視する傾向が強いという
点を指摘するものがあります（Michal Barzuza, Quinn Curtis & David H.
Webber, *Shareholder Value(s): Index Fund ESG Activism and the New Mil-
lennial Corporate Governance,* 93 S. Cal. L. Rev. 1243（2020））。ミレニアル
世代のような顧客を念頭にあらかじめサステナビリティを投資判断にお
いて積極的に考慮することが示されている場合には、そのような表示が
ない場合と比べて、サステナビリティ活動の許容範囲は広くなると考え
られそうです。

　取締役については、明文の規定はなくとも企業は社会の構成員として
一定の役割を果たすことを期待されているとの判例（最大判昭和45年6
月24日民集24巻6号625頁）を前提にすると、株主の具体的な意思が明確
ではない場合であっても、サステナビリティ活動の許容範囲は相当に広
いと解することもできるように思います。そして、利益相反の問題がな
ければ、サステナビリティ活動を理由として取締役に善管注意義務違反
に基づく損害賠償責任が課される可能性は非常に小さいと私も考えてい
ます。ただ、ダノンの例をみると、事後的に損害賠償責任を課される可
能性は小さくとも、具体的な株主の意思によってサステナビリティ活動
に関する取締役の判断は制約される状況が存在する点に注意が必要であ
ると思います。

○武井　会社の取締役のほうについて申し上げますと、サステナビリ
ティ活動の大半が、最終的には会社利益になっているということだと思
いますので、取締役の善管注意義務についてはきちんと経営判断の原則
に則っている限り、大丈夫ではないかと思っています。

　本座談会の前半でも議論しましたとおり、いろいろなステークホル

ダーの利益について経営現場で気にしすぎて、「Aの行動をしたらBから訴えられて、Bの行動をしたらAから訴えられる」という話になると、結局何もできなくなってしまう。何も決められない状態に企業がなってしまうというのが一番困るのだと思います。元々今の日本企業には「攻めのガバナンス」が必要でありいろいろ決められないというのでは困る状況ですので、「決められない」ことに向かわせてしまう法制なり法解釈にしないことが重要だと思います。

　あと、少し関連する点で新たな制度論について付言しますと、現行の「取締役会で異議を議事録に書かないと法的責任が全部連帯責任である」とか、前にも取り上げました責任限定契約の点とか会社法429条の解釈論（93頁以下参照）とか、そういう点も昨今のガバナンス改革の流れの中で制度上の論点だと思います。サステナビリティの時代の企業経営はきわめて難しくなっています。結果論で簡単に事後的な法的責任が問われる法制度になっていないか、注視が必要かと思います。

○神田　どうも有り難うございました。

　本座談会では、制度論や立法論に係るものから、制度とは直接関係し得ないような実務の問題、両者が密接に関係する問題も含めて、重要なご指摘をたくさん頂いたと思います。長時間にわたり本当にどうも有り難うございました。

事項索引

編著者略歴

神田秀樹（かんだ・ひでき）

東京大学名誉教授、学習院大学教授。1977年東京大学法学部卒業。主な著作として、『会社法入門〔新版〕』（岩波新書、2015）、『会社法〔第24版〕』（弘文堂、2022）などがある。

加藤貴仁（かとう・たかひと）

東京大学教授。2001年東京大学法学部卒業。主な著作として、『株主間の議決権配分――一株一議決権原則の機能と限界』（商事法務、2007）、『Before/After 会社法改正』（共編著、弘文堂、2021）などがある。

児玉康平（こだま・こうへい）

株式会社日立製作所執行役常務（法務、コンプライアンス、リスクマネジメント、経営オーディット担当）。1986年東京大学法学部、1994年コーネル大学ロースクール（LL.M.）各卒。1987年4月同社入社。1997年より2011年まで、北米地域統括会社のインハウスローヤーとしてシリコンバレーにて勤務。2018年4月より同職。

三瓶裕喜（さんぺい・ひろき）

アストナリング・アドバイザー LLC 代表。日本生命保険相互会社及び傘下の内外資産運用会社、フィデリティ投信株式会社勤務を通じて32年間機関投資家として株式投資に従事。2021年4月から企業経営者向けに価値創造経営、機関投資家向けにスチュワードシップ活動をアドバイスする業務を開始。一橋大学 CFO 教育研究センター客員研究員・一橋大学財務リーダーシップ・プログラム講師、Association of Stewardship Professionals の Content Oversight Committee メンバー。1987年早稲田大学理工学部卒。

武井一浩（たけい・かずひろ）

西村あさひ法律事務所弁護士（パートナー）。1989年東京大学法学部、1996年米国ハーバード大学ロー・スクール（LL.M.）、1997年英国オックスフォード大学院経営学修士（MBA）各卒。主な著作（共著含む）として、『成長戦略と企業法制　サステナビリティ委員会の実務』（商事法務、2022）、『コーポレートガバナンス・コードの実践〔第3版〕』（日経 BP 社、2021）、『株主総会デジタル化の実務』（中央経済、2021）などがある。

コーポレートガバナンス改革と上場会社法制の
グランドデザイン

2022年11月30日　　初版第1刷発行

	神 田	秀	樹	加 藤	貴	仁
編 著 者	児 玉	康	平	三 瓶	裕	喜
	武 井	一	浩			

発 行 者　　石 川 雅 規

発 行 所　　㈱商 事 法 務
　　　　　　〒103-0027 東京都中央区日本橋 3-6-2
　　　　　　TEL 03-6262-6756・FAX 03-6262-6804〔営業〕
　　　　　　TEL 03-6262-6769〔編集〕
　　　　　　https://www.shojihomu.co.jp/

落丁・乱丁本はお取り替えいたします。　　　印刷／㈲シンカイシャ
©2022　Hideki Kanda et al.　　　　　　　　　Printed in Japan
　　　　　　　　Shojihomu Co., Ltd.
　　　　　ISBN978-4-7857-2997-4
　　　　　＊定価はカバーに表示してあります。